PHOTO DE COUVERTURE :

Dans les cours d'eau de la vaste zone humide du Pantanal, au sud-ouest du Brésil, le caïman yacare (ou jacaré) profite de l'immense richesse animalière : poissons, amphibiens et petits mammifères périssent entre ses puissantes mâchoires.

*« Pour que les enfants puissent devenir des citoyens pleinement responsables et acteurs de leur environnement, il est nécessaire de leur transmettre les clés pour mieux comprendre le monde vivant qui les entoure. »*

Nicolas Hulot

**Directrice de collection :** Nassera Zaïd
**Direction éditoriale :** Bénédicte Servignat / Fabrice Le Jean
**Direction artistique :** Nicolas Galy pour www.madec-book.com
**Édition :** Géraldine Ségaud
**Illustrations :** Nicolas Ryser
**Infographie :** Stéphane Valley
**Iconographie :** Espérance de Oliveira
**Fabrication :** Laurence Ledru

# Sommaire

# Ushuaïa Junior

## GRANDS PRÉDATEURS :
*attention... danger !*

Aline Deprince



**>> UN DÉFI POUR LA TERRE**

Dans les marais et les fleuves de l'Amazonie et d'Amérique centrale, l'immense caïman noir est difficile à apercevoir. Bien qu'il puisse atteindre 6 m de longueur, il sait se rendre presque invisible dans la mare couverte d'algues, où il guette sa proie.

Insecte carnivore, la mante religieuse capture ses proies et les découpe à l'aide de ses longues pinces. Son nom lui vient de la posture qu'elle adopte lorsqu'elle guette ses victimes : ses pinces sont repliées, comme si elle priait.

Après une longue et patiente marche d'approche, la lionne a jeté son dévolu sur cette antilope. Une course rapide, un bond, une morsure, puis le calme reviendra sur la savane, tandis que le félin entamera son repas.

Le python améthyste vit en Australie et en Nouvelle-Guinée. C'est un serpent constricteur : il enroule son long corps autour de l'infortuné animal – ici, un rat – qui s'est laissé prendre et l'étouffe avant de l'avaler. Il lui faudra plusieurs jours pour digérer sa proie.

Quelque part dans l'Himalaya, la panthère des neiges, ou once, profite d'un moment de jeux aquatiques. L'hiver, son épaisse fourrure la protège du froid et ses larges pattes lui permettent de marcher sans s'enfoncer dans la neige.

LES RÉGIMES ALIMENTAIRES

Chaque espèce a sa place dans la chaîne alimentaire. Au bas de la pyramide se trouvent les herbivores, qui se nourrissent de végétaux (herbe, graines, racines, fruits...). Viennent ensuite les carnivores, mangeurs de viande : ce sont les prédateurs. Tous n'ont pas exactement le même régime alimentaire : les carnassiers se nourrissent exclusivement de viande ; les omnivores, comme le renard ou l'ours, complètent leur menu avec des fruits ; les piscivores (ou ichtyophages) sont amateurs de poisson ; les insectivores, comme le hérisson, mangent des insectes ou de petits vers. Enfin, tout en haut de la pyramide se trouvent les charognards (ou nécrophages), qui consomment la viande d'animaux déjà morts. Les espèces ont toutes une alimentation un peu différente les unes des autres ce qui leur permet de cohabiter sans trop se concurrencer dans la recherche de nourriture.

# Qu'est-ce qu'un prédateur ?

## DES CHASSEURS BIEN ÉQUIPÉS

*Le lion, le loup ou le requin sont des prédateurs bien connus. Mais sait-on que le serpent, la chouette ou l'araignée sont eux aussi de féroces chasseurs ? Petits ou grands, les prédateurs se nourrissent d'autres animaux qu'ils chassent et tuent. Pour cela, ils possèdent des atouts physiques : des sens très aiguisés capables de détecter la présence des proies, des griffes acérées, des crocs pointus, des crochets venimeux… Chaque prédateur est spécialisé dans la chasse de certaines proies : les yeux perçants de l'aigle lui permettent d'apercevoir les petits rongeurs sur le sol, les guépards possèdent de longues pattes musclées pour courir après les gazelles. Mais le physique ne fait pas tout ! Les prédateurs utilisent aussi des techniques de chasse variées, comme la course-poursuite, l'attaque-surprise, l'affût… Certains fabriquent même des pièges, tandis que d'autres chassent en groupe. Toutes les méthodes sont bonnes pour attraper son repas.*

### Zoom

SE NOURRIR SANS S'ÉPUISER

La plupart des prédateurs (ceux qui chassent en groupe font exception) s'attaquent à des animaux plus petits qu'eux, car il faut être plus gros que sa proie pour pouvoir la tuer. Mais ils ne s'intéressent pas non plus à de trop petites proies. En effet, pour chasser, il faut se poster à l'affût, courir, bondir… C'est à dire dépenser beaucoup d'énergie. Les prédateurs choisissent donc des proies qui leur rapporteront plus d'énergie en nourriture qu'elles ne leur en auront coûté pour les attraper : un lion ne court pas après une souris !

### Le saviez-vous ?

LES PARASITES

Certains animaux vivent aux dépends des autres : ce sont les parasites. Les puces ou les poux, par exemple, se nourrissent du sang des êtres vivants sur lesquels ils se trouvent. Les ténias sont des vers qui vivent dans l'estomac de leurs hôtes et profitent de leur repas. Quant aux moustiques, ils se déplacent d'un individu à un autre pour en pomper le sang. Ces animaux au mode de vie particulier se situent à part dans la chaîne alimentaire. Ce ne sont pas des prédateurs, car ils ne tuent pas leurs victimes pour s'en nourrir. En revanche, ils peuvent les affaiblir et ils véhiculent parfois des maladies.

L'INDICE EST DANS LA CROTTE

Qu'est-ce que tu manges ? Pour savoir de quoi se nourrissent les espèces difficiles à observer, les scientifiques ont deux méthodes. Ils recherchent des spécimens morts pour analyser le contenu de leur estomac ou bien ils étudient les déjections des animaux : les crottes contiennent en effet de nombreux indices du repas avalé. Chez les rapaces, on peut aussi observer les pelotes de réjections qu'ils recrachent : elles contiennent les restes non digérés de leurs proies (os, pattes, poils…).

Le squelette compte environ 250 os (il y en a 206 chez l'homme). C'est une mécanique parfaite : les omoplates sont placées très haut – ce qui permet la démarche souple caractéristique des félins – la colonne vertébrale est très flexible. Tout ceci favorise la course, le saut, l'escalade…

Les oreilles des félins s'orientent en tout sens : ils peuvent écouter plusieurs sources de bruit dans des directions différentes, ou se focaliser sur un son intéressant parmi d'autres – comme le mouvement d'une proie au milieu du bruissement des feuilles.

Les yeux, plutôt grands et dirigés vers l'avant, permettent une vision large et en relief. Leur rétine est couverte d'une fine couche réfléchissante et, lorsqu'il fait sombre, leur pupille s'agrandit afin de capter le maximum de lumière : les félins sont ainsi capables de voir dans la pénombre.

L'odorat d'un félin est environ 40 fois plus développé que celui de l'homme. Il lui permet de suivre la piste d'une proie, de repérer un autre félin sur son territoire, ou encore de détecter une viande avariée.

Les vibrisses sont de longs poils raides situés autour du museau (ce sont les moustaches), sur les joues et au-dessus des yeux. Très sensibles, elles détectent la proximité d'obstacles.

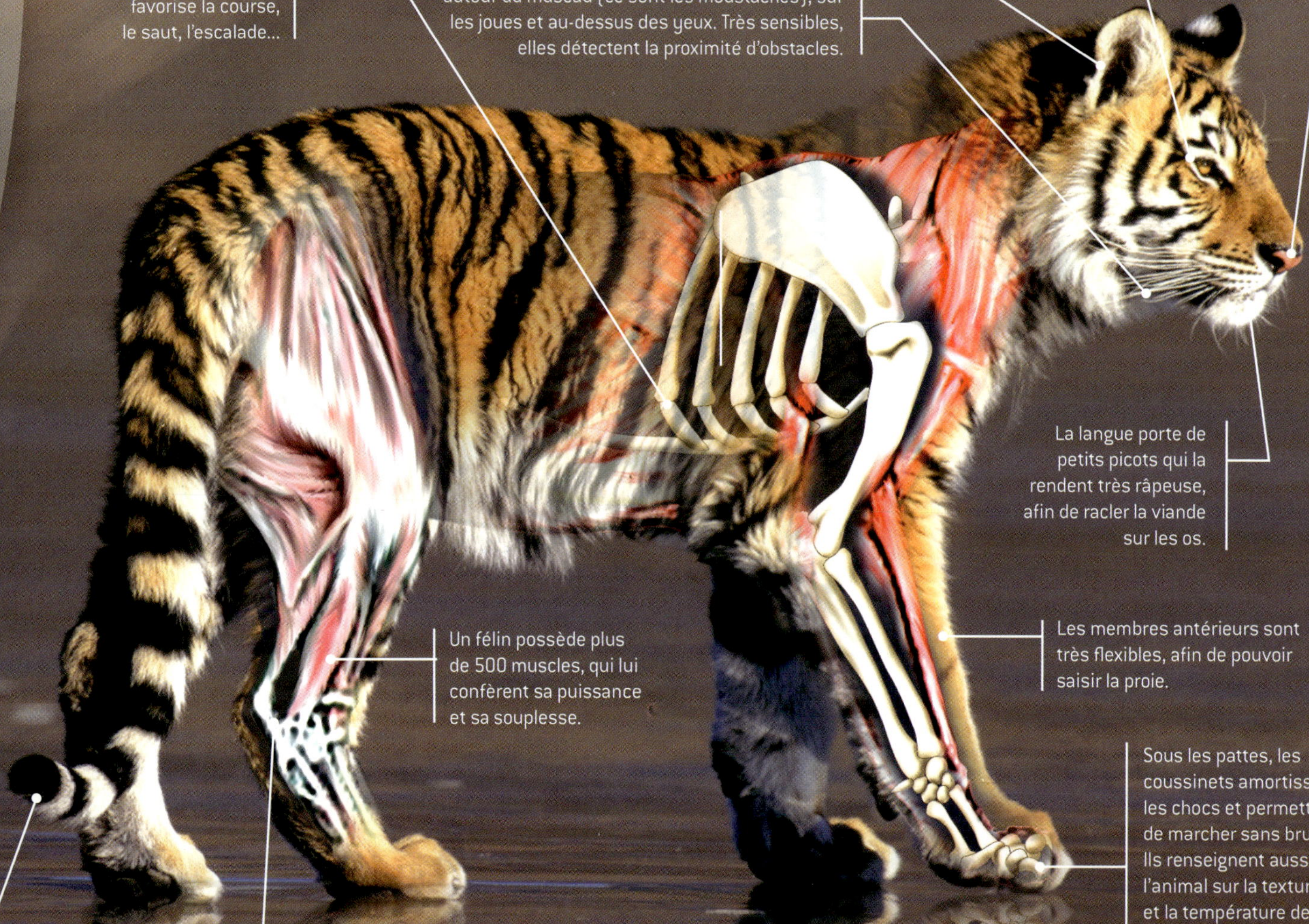

La langue porte de petits picots qui la rendent très râpeuse, afin de racler la viande sur les os.

Les membres antérieurs sont très flexibles, afin de pouvoir saisir la proie.

Un félin possède plus de 500 muscles, qui lui confèrent sa puissance et sa souplesse.

Sous les pattes, les coussinets amortiss les chocs et permett de marcher sans bru. Ils renseignent aussi l'animal sur la textur et la température des objets qui l'entourent.

Chez les félins qui grimpent aux arbres, la queue joue un rôle de balancier, indispensable pour conserver leur équilibre.

Les membres postérieurs sont plus longs que les antérieurs, grâce à quoi les félins possèdent une excellente détente pour sauter.

La plupart des félins possèdent des griffes rétractiles : au repos ou lors de la marche, elles rentrent dans une gaine à l'intérieur des doigts et ainsi elles ne s'usent pas ; mais pour maintenir une proie ou pour grimper aux arbres, elles sont sorties et écartées.

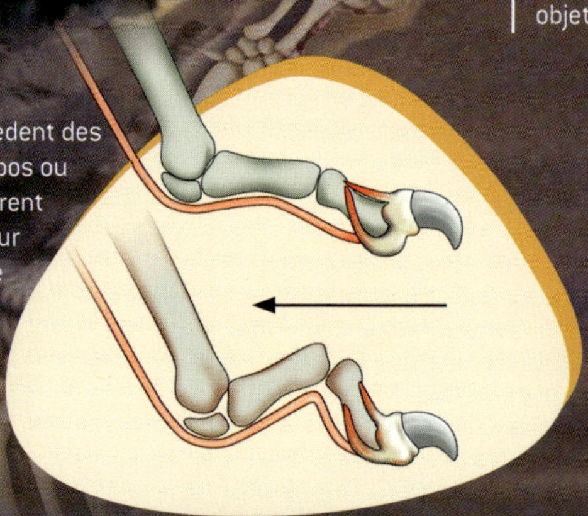

# Les félins

## PUISSANCE ET SOUPLESSE

*Pattes de velours et mâchoires d'acier, les félins sont les rois des prédateurs. Ils ne mangent que de la viande et parcourent leur territoire – dans les forêts, les montagnes ou la savane – à la recherche de nourriture. Lorsqu'ils ont repéré une proie, ils s'en approchent lentement puis bondissent pour la tuer d'un coup de patte, d'une morsure à la nuque ou à la gorge, ou encore en l'étouffant. Les plus grands d'entre eux (le lion, le jaguar, le tigre...) sont des superprédateurs : à l'âge adulte, ils n'ont aucun ennemi naturel. Malgré tout, leur vie n'est pas de tout repos. Leur principale difficulté est de trouver de quoi manger à leur faim. Plus les proies sont rares, plus le territoire des félins doit être étendu : celui du tigre de Sibérie peut ainsi couvrir plus de 4 000 km².*

LE TIGRE (*Panthera tigris*)
Le tigre est le plus gros des félins. Il en existe plusieurs sous-espèces, dans différentes régions d'Asie. Le tigre du Bengale vit dans les jungles et les forêts de l'Inde et des pays voisins. Il y chasse de grands herbivores, des sangliers, parfois même de jeunes éléphants, mais aussi des singes, des poissons, des oiseaux... Le tigre de Sibérie, qui peut peser plus de 350 kg, parcourt les steppes de l'Asie du Nord. On connaît aussi le tigre de Sumatra, celui d'Indochine, de Malaisie... Ces animaux solitaires vivent environ 15 ans. Les mâles établissent de vastes territoires, dont ils marquent les limites en urinant ou en griffant les arbres et qu'ils partagent avec quelques femelles.

GARDE-MANGER
Lorsqu'ils ont tué une grosse proie, les félins la dévorent rarement en un seul repas. Une fois rassasiés, ils cachent les restes dans des fourrés ou sous la végétation afin de revenir se nourrir plus tard. Le puma, par exemple, enfouit son butin sous les herbes et les feuilles. Le léopard traîne sa proie (qui peut peser jusqu'à 200 kg) jusqu'à un arbre puis la hisse, en la maintenant fermement entre ses crocs, sur une branche où elle sera à l'abri des charognards. Le tigre préfère manger sa prise à couvert, près d'un point d'eau afin de disposer d'un endroit où boire, et il recouvre les restes lorsqu'il s'en éloigne.

# Les félins (suite)

## PETITS ET GRANDS FAUVES

***Il existe 38 espèces de félins (environ, car tous les scientifiques ne sont pas d'accord sur leur classification), que l'on répartit généralement dans deux principaux groupes. Les grands félins, les panthérinés, sont les plus célèbres : ce sont le lion, le tigre, le jaguar, le léopard des neiges, la panthère. Les petits félins, les félinés, regroupent d'autres espèces plus ou moins bien connues, comme le lynx, le chat sauvage...***

### TOUTES SORTES DE CHATS SAUVAGES...

**Chat des sables** (*Felis margarita*)
Ce petit félin (2 à 3,5 kg), également appelé « chat de Marguerite », vit dans les déserts rocheux et sableux de l'Afrique du Nord et du Moyen-Orient. Il passe la journée caché dans un terrier pour se protéger de la chaleur et il chasse la nuit. Il ne boit jamais et se procure de l'eau uniquement grâce au sang de ses proies (de petits rongeurs, des oiseaux, des serpents, des insectes et des araignées).

**Ocelot** (*Leopardus pardalis*)
Dans les forêts d'Amérique du Sud et d'Amérique centrale, ce chat tacheté chasse durant la nuit les rongeurs, les tatous, les oiseaux, les lapins, les pécaris, les singes écureuils et, à l'occasion, des crabes, des iguanes ou des grenouilles. Il pèse jusqu'à 12 kg et vit environ 10 ans.

**Chat manul** (*Otocolobus manul*)
Le chat manul, ou chat de Pallas, vit en Asie, principalement en Mongolie, dans les régions montagneuses et rocheuses. Son épaisse fourrure le protège du froid tandis que ses drôles d'oreilles, très élargies, captent le moindre son.

**Jaguarondi** (*Puma yagouaroundi*)
Avec son corps allongé, sa tête courte et plate et son pelage gris ou brun-roux, le jaguarondi a une allure étrange. Il est d'ailleurs surnommé « chat loutre » ! Il peut peser jusqu'à 10 kg et mesurer jusqu'à 1,40 m. Ce félin

LYNX BORÉAL (*Lynx lynx*)
Le lynx boréal peuple les forêts de l'Europe du Nord et de la Russie, ainsi que les régions boisées de l'Asie centrale et du Moyen-Orient. Il subsiste également en Europe de l'Est. En France, il a été réintroduit avec succès dans les Vosges dans les années 1980 et 1990. C'est le plus grand félin d'Europe (il pèse de 9 à 35 kg). Discret et solitaire, il chasse des chamois, des chevreuils, des renards, de petits rongeurs, des oiseaux et, parfois, des moutons ou des chèvres. Son allure est très reconnaissable : sa queue courte a l'extrémité noire, et ses grandes oreilles portent un pinceau de poils noirs.

PUMA (*Puma concolor*)
Le puma, également appelé « couguar », habite les forêts, les plaines et les montagnes dans l'Ouest de l'Amérique du Nord et dans toute l'Amérique du Sud. C'est un excellent sauteur : grâce à son puissant arrière-train, il peut effectuer un bond de plus de 5 m de haut. La fourrure des jeunes est tachetée, afin de passer inaperçue dans les anfractuosités de roches ou les troncs creux où ils sont cachés, mais les adultes sont de couleur unie.

JAGUAR (*Panthera onca*)

Le jaguar est le plus grand félin d'Amérique. Il mesure entre 1,50 et 2,60 m de long et pèse de 40 kg pour les femelles à plus de 100 kg pour certains mâles. Il vit en solitaire, principalement dans la forêt amazonienne. Habile grimpeur, il se poste en embuscade sur les branches ou chasse au sol, la nuit de préférence. C'est un prédateur opportuniste : tortues, loutres, caïmans, tapirs, paresseux, iguanes, serpents, porcs-épics... tout est bon pour le jaguar.

LION (*Panthera leo*)

La crinière du lion mâle lui donne une allure majestueuse. Cette fourrure épaisse le protège des morsures lors des combats entre rivaux. Le lion mesure de 2 à 3 m de long et environ 1 m de haut. On ne le rencontre plus aujourd'hui que dans les savanes de l'Est et du Sud de l'Afrique, où il vit en clan et chasse, en groupe, les zèbres, gnous, phacochères, antilopes, buffles... Comme tous les félins, c'est un grand dormeur : il fait la sieste 20 heures par jour. Ainsi, il s'économise pour consacrer toute son énergie à la chasse.

GUÉPARD (*Acinonyx jubatus*)

C'est le champion du sprint ! Le guépard est l'animal terrestre le plus rapide du monde : il peut effectuer des pointes à plus de 110 km/h. Son corps tout entier est conçu pour la course : un corps mince (50 kg en moyenne), de longues pattes fines, des griffes non rétractiles qui servent de crampons, un cœur d'athlète et de larges narines qui absorbent beaucoup d'oxygène durant l'effort. Sa stratégie de chasse est simple : il repère une proie, s'approche et fonce ! Mais il n'effectue ses pointes de vitesses que sur 300 m au maximum. Il vit dans la savane et les zones semi-désertiques d'Afrique.

UN FÉLIN DOMESTIQUE

Le chat de nos maisons fait partie de la famille des félins : il est le descendant de chats sauvages qui ont été peu à peu domestiqués par l'homme. Comme ses cousins sauvages, minou possède des griffes rétractiles, une excellente vision nocturne, des crocs pointus, et un grand instinct de chasseur. Voilà pourquoi il s'amuse autant avec un bouchon de liège ou une pelote de laine : il reproduit les gestes et les comportements de ses ancêtres, pour qui chasser était une question de survie.

LÉOPARD (*Panthera pardus*)

Quelle différence entre une panthère et un léopard ? Aucune : ce sont les deux noms du même animal. Il est répandu en Afrique, et on le trouve aussi au Moyen-Orient et en Asie, dans les forêts, les savanes et les zones arides. Excellent grimpeur et nageur, il chasse plutôt la nuit et se repose dans les arbres durant la journée. Sa taille et sa couleur varient selon les régions : son poids peut aller de 30 à 90 kg, et sa robe tachetée prend des teintes crème, jaune pâle ou dorées. Certains sont même totalement noirs : ce sont les panthères noires, qui font bien partie de la même espèce.

## LES MÂCHOIRES D'UN CARNIVORE

Le loup possède une dentition adaptée à son régime alimentaire, composé en grande majorité de viande. Ses mâchoires comportent 42 dents : de longues canines, ou « crocs », qui peuvent atteindre 6 cm de long et servent à saisir et à tuer les proies ; des incisives tranchantes pour découper la viande ; et des molaires capables de broyer les os. Deux paires de dents spécifiques aux mammifères carnivores, appelées « carnassières », forment une véritable cisaille qui tranche les tendons et les chairs les plus coriaces. Elles appartiennent aux prémolaires sur la mâchoire supérieure et aux molaires sur la mâchoire inférieure.

## Le saviez-vous ?

### DE NOMBREUSES SOUS-ESPÈCES

L'espèce *Canis lupus* (le loup gris) se rencontre partout dans le monde. Mais il existe malgré tout des différences de morphologie ou de couleur selon les régions, et l'on distingue donc plusieurs sous-espèces. Les loups des régions nordiques, comme le loup arctique ou le loup du Canada, sont généralement massifs, de couleur grise, avec un pelage fourni, tandis que le loup du Mexique est de couleur brune, de plus petite taille et possède un pelage moins dense, adapté à des climats plus chauds.

# Les canidés : le loup

*Des yeux dorés, un long museau, des oreilles droites et un pelage gris : voici le loup. Ce grand carnivore fait partie de la famille des canidés (c'est également celle du chien domestique). On le rencontrait autrefois dans presque tout l'hémisphère Nord : en Amérique du Nord, en Europe et dans une grande partie de l'Asie. Mais, chassé par le développement des villes ou persécuté par les hommes, qui l'accusent d'être dangereux et de transmettre la rage, il est désormais devenu très rare dans certaines régions, comme les États-Unis ou l'Europe occidentale. Intelligent et opportuniste, le loup s'est adapté à de nombreux milieux : là où il subsiste, il vit aussi bien dans les prairies, les steppes du Grand Nord, les forêts, les milieux de montagne ou les zones arides.*

UN HURLEMENT EFFRAYANT

Les loups – c'est bien connu – hurlent durant la nuit. Ce cri, qui peut s'entendre à plusieurs kilomètres à la ronde, sert à rassembler la meute et à avertir d'éventuels voisins de sa présence, afin d'éviter des rencontres inopportunes. Les loups solitaires appellent aussi de cette manière pour trouver un partenaire. Mais au sein du clan, les loups communiquent surtout par des aboiements, des grognements ou des gémissements.

UN PRÉDATEUR OPPORTUNISTE

Les proies favorites du loup sont les grands ongulés : selon la région, il s'agit des cerfs, des chevreuils, des élans, des rennes, des caribous, des sangliers, des mouflons... Mais il ne dédaigne pas de petits rongeurs et s'attaque parfois aux animaux d'élevage (vaches, chèvres et moutons), qui sont des proies faciles. Et en cas de disette, il peut se rabattre sur des lézards, des fruits ou des champignons...Il ose même parfois, poussé par la faim, s'approcher de l'entrée des villes pour y fouiller dans les poubelles.

UNE VIE DE FAMILLE

Le loup est un animal social, qui vit et chasse en famille : la meute est composée d'un mâle et d'une femelle dominants – les spécialistes du loup les ont baptisés « alpha » – et de leurs descendants. Le mâle et la femelle alpha forment un couple fidèle, et ce sont les seuls membres de la meute qui se reproduisent pour donner naissance à des louveteaux. La position hiérarchique de chaque individu est indiquée par des attitudes, des mimiques et des grognements, et détermine dans quel ordre chacun peut se nourrir. Ce règlement strict a un avantage : il limite les conflits, et donc les risques de blessures. Au bout de quelques années, les jeunes adultes finissent par quitter le clan en solitaires, à la recherche d'un partenaire ou d'un nouveau groupe.

# Les canidés (suite)

## LES COUSINS DU LOUP

***Les autres membres de la famille des canidés sont eux aussi des carnivores. Comme pour le loup, leur régime alimentaire est assez varié : ils se nourrissent aussi bien sur les cadavres d'animaux déjà morts que de proies qu'ils tuent eux-mêmes, et ils complètent au besoin leur menu avec des végétaux, des reptiles ou des insectes. Du moment qu'ils trouvent à manger, ils ne font pas les difficiles ! Musclés et hauts sur pattes, ils sont capables de courir sur de longues distances. Ils immobilisent les grands animaux en les attaquant au ventre et tuent leur prise d'une morsure à la nuque, suivie d'une secousse violente qui lui brise le cou. Alors que les félins sont généralement solitaires, la plupart des canidés vivent et chassent en meute. On les rencontre sur tous les continents, excepté l'Antarctique. Hélas ! comme le loup, ils souffrent souvent d'une mauvaise réputation.***

COYOTE (*Canis latrans*)
Le coyote est présent dans toute l'Amérique du Nord et jusqu'en Amérique centrale. Plus petit que le loup, il évite les habitats occupés par ce proche parent, qui est aussi son principal concurrent pour la nourriture et qui peut s'attaquer à ses jeunes. Le coyote est un champion d'endurance : il peut courir à une vitesse de 40 km/h durant 1 h environ et il effectue même des pointes à 65 km/h.

### Zoom

DES SENS EXCEPTIONNELS
Tous les canidés possèdent une ouïe et un odorat très développés. Un loup peut ainsi entendre le hurlement d'un congénère à plus de 6 km de distance et percevoir l'odeur d'un animal situé à quelque 2,5 km, lorsque le sens du vent lui est favorable. Le museau des canidés peut analyser des milliers d'odeurs. Cet odorat exceptionnel leur permet de repérer leurs proies, mais aussi de communiquer : en urinant ou en déposant des crottes, ils marquent leurs pistes et délimitent leur territoire.

DINGO (*Canis dingo*)
Le dingo est un mystère : on le rencontre en Asie, mais il est aussi le seul mammifère carnivore vivant en Australie. On pense qu'il y a été introduit par l'homme il y a quelques milliers d'années et qu'il descendrait peut-être de chiens domestiques retournés à l'état sauvage. Il vit en solitaire ou en groupes organisés. En Australie, il chasse les kangourous et de plus petits animaux et il attaque aussi parfois les moutons et les vaches des fermiers.

CHACAL DORÉ (*Canis aureus*)

Le chacal arpente les zones rocailleuses, les savanes et les déserts du Sud-Ouest de l'Europe, d'Afrique et d'Asie. Plutôt que d'attaquer de grosses proies, il préfère capturer des petits animaux (comme de très jeunes gazelles) et profiter des restes des repas des lions. Il engloutit presque tout ce qui est comestible et il joue un rôle utile d'éboueur en mangeant les ordures près des villages et les cadavres d'animaux.

LYCAON (*Lycaon pictus*)

Le lycaon vit dans les savanes africaines où il chasse les gazelles et les antilopes. Son nom, *Lycaon pictus*, qui signifie « loup peint », lui vient de son pelage orné de taches. Il mesure de 75 cm à 1 m de longueur. C'est l'un des canidés les plus sociaux. Dès l'âge de 10 jours, les jeunes sont élevés par l'ensemble de la meute. Au retour de la chasse, les lycaons régurgitent de la viande pour ceux qui n'ont pas participé : les petits et leurs « nourrices », les individus âgés ou malades...

DHOLE (*Cuon alpinus*)

Ce canidé encore mal connu habite les lits de rivières, les collines et les clairières de la jungle asiatique. Il vit en meute de 5 à 12 membres qui chassent des mammifères de toutes tailles, des rongeurs aux cerfs. Ses proies favorites sont les porcs et les chèvres sauvages. Les dholes apprécient beaucoup l'eau : il leur arrive de se prélasser dans des points d'eau peu profonds.

RENARD ROUX (*Vulpes vulpes*)

Ce petit prédateur (40 cm de hauteur, 3,5 à 10 kg) bien connu vit dans les forêts, les campagnes et même les villes des régions tempérées de l'hémisphère Nord. Il vit plutôt en solitaire, chassant les petits rongeurs et les oiseaux qui nichent au sol et fouillant parfois les poubelles. Le renard roux est l'une des nombreuses espèces de renards : il a des cousins sur toute la planète, comme le renard polaire (*Vulpes lagopus*) en Arctique et le fennec (*Vulpes zerda*) qui chasse serpents, rongeurs et scorpions dans les déserts d'Afrique du Nord.

## Zoom

### INTIMIDANT

Lorsqu'il se sent menacé, l'ours bondit sur ses pattes avant, grogne et effectue de courtes charges pour impressionner l'adversaire. Les affrontements entre ours rivaux sont rares : chacun respecte son territoire et évite son voisin. Lorsque deux mâles rivalisent pour une femelle, ils se contentent le plus souvent de grondements et de coups de patte, et le plus faible abandonne rapidement la partie. En revanche, s'il s'agit de défendre ses oursons, une femelle ira jusqu'au bout du combat et n'hésitera pas à affronter un loup, un lynx… ou un homme.

### DES PIEDS ET DES MAINS

Contrairement aux félins et aux canidés, qui marchent sur l'extrémité de leurs doigts (on dit qu'ils sont digitigrades), l'ours est un plantigrade : il appuie toute sa patte sur le sol. Cette position est moins pratique pour courir : l'ours marche lentement et pesamment. En revanche, elle lui permet de se dresser sur ses pattes postérieures pour intimider un adversaire… ou pour attraper des rayons de miel au creux d'un tronc. Les longues griffes des pattes antérieures (elles peuvent atteindre 15 cm chez l'ours kodiak) servent à creuser le sol à la recherche de racines ou à « peigner » les buissons pour cueillir les baies.

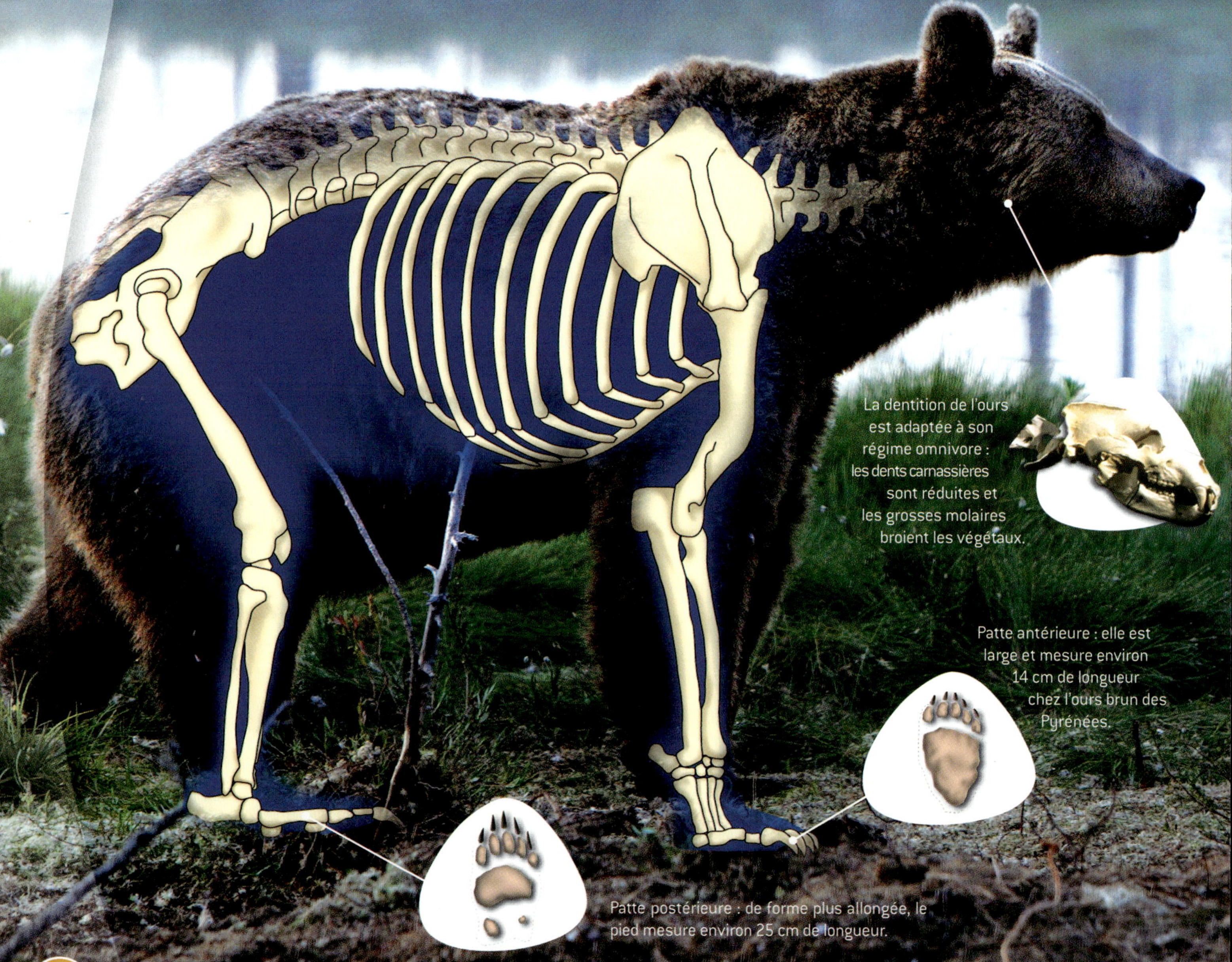

# Les ours

## DE GRANDS GOURMANDS

***Malgré son allure débonnaire, l'ours est un animal robuste et puissant. La famille des ours, ou ursidés, ne compte que 8 espèces. La plus représentée à travers le monde est l'ours brun (Ursus arctos) : il en existe plusieurs sous-espèces, comme le grizzly en Amérique du Nord, l'ours brun d'Europe, ou encore, en Alaska, l'imposant ours kodiak. Le régime alimentaire des ours varie selon leurs conditions de vie : l'ours polaire se nourrit principalement de phoques et de poissons, tandis que l'ours brun est un omnivore : il se régale surtout de fruits, de racines, de champignons, d'insectes, mais il capture également de petits mammifères, et il lui arrive de tuer des moutons ou de jeunes cervidés. Le grizzly et le kodiak sont aussi d'excellents pêcheurs, maîtres dans l'art d'attraper les saumons qui remontent les rivières.***

UN OURS VÉGÉTARIEN
Avec son pelage blanc et noir, le grand panda (*Ailuropeuda melanoleuca*) est un ours assez particulier : son alimentation se compose à plus de 90 % de pousses de bambou. Il mange également, en faible quantité, d'autres végétaux, de très petits animaux et des poissons. Il mesure de 1,20 à 1,80 m de hauteur et pèse entre 75 et 160 kg. Il n'habite plus aujourd'hui que quelques régions montagneuses de la Chine, où se trouvent encore de vastes forêts de bambou.

OURS NOIR D'AMÉRIQUE (*Ursus americanus*)
L'ours noir, ou baribal, est l'ours le plus répandu en Amérique du Nord. Il mesure environ 90 cm au garrot et pèse de 120 à 270 kg. Agile, il nage aisément et grimpe aux arbres. Il se nourrit surtout de végétaux et de poissons.

OURS MALAIS (*Helarctos malayanus*)
C'est le plus petit des ours : il mesure 70 cm au garrot et pèse environ 65 kg. Il habite les forêts du Sud-Est de l'Asie. Il est friand de termites, qu'il attrape avec sa longue langue. Bon grimpeur, il passe beaucoup de temps dans les arbres. On l'appelle aussi l' « ours des cocotiers ».

OURS POLAIRE (*Ursus maritimus*)
Une peluche blanche sur la banquise de l'Arctique. L'ours polaire, qui peut peser jusqu'à 750 kg, est l'un des plus gros carnivores au monde. Pour se protéger du froid, il se constitue une épaisse couche de graisse en mangeant phoques et poissons. Excellent nageur, il les capture posté sur la banquise ou en plongeant sous la glace.

OURS À COLLIER (*Ursus thibetanus*)
Un peu plus petit que le baribal (il pèse en moyenne 150 kg), l'ours à collier est ainsi nommé à cause de la marque blanche sur sa poitrine. Il vit dans les forêts de montagne en Asie.

### Zoom

DES RÉSERVES POUR HIVERNER

Durant l'automne, l'ours se gave de nourriture afin de se constituer des réserves de graisse, car il passe ensuite la majeure partie de l'hiver à dormir. Et lorsqu'il quitte sa tanière au printemps, ce n'est qu'une fois rassasié qu'il se met en quête d'une femelle pour se reproduire. Les oursons (deux en moyenne) naissent à la fin de l'hiver et passent leurs premiers mois dans la tanière avec leur mère. Pour pouvoir les allaiter durant cette période, il faut donc que celle-ci se soit bien nourrie auparavant. L'ourse est une mère attentive, qui protège et éduque ses petits durant environ deux ans : ils ont beaucoup de choses à apprendre avant de devenir des adultes autonomes.

# Les autres

CHASSE AU RADAR

Chasseuses nocturnes, les chauves-souris poursuivent dans l'obscurité les insectes volants. Pour réussir leurs prouesses aériennes, elles se guident... au radar ! Elles émettent des sons très aigus inaudibles pour l'homme : les ultrasons. Lorsque l'une de ces ondes sonores rencontre un obstacle, par exemple un insecte, elle rebondit. En captant l'écho, l'animal localise ses proies. Ce système – l'écholocation – est efficace : en une nuit, une chauve-souris peut avaler la moitié de son poids en insectes ! Après leurs parties de chasse, les chauves-souris se reposent durant la journée, accrochées la tête en bas en colonies dans des endroits frais et sombres : des grottes, des troncs creux, des greniers...

# mammifères prédateurs

## Zoom

### UN PRÉDATEUR AVEUGLE

La taupe est un curieux petit prédateur : elle passe la plus grande partie de son temps sous terre, creusant des galeries à l'aide de ses pattes avant griffues, en forme de pelle. Sa vue est très mauvaise, et elle ne peut compter que sur son excellent flair pour repérer les vers de terre et les larves d'insectes qui font l'essentiel de son menu. Elle en avale l'équivalent de son propre poids par jour !

## UNE GRANDE FAMILLE

***Dans la classification des espèces, les mammifères qui possèdent des dents carnassières (dont la forme particulière est adaptée pour déchirer la viande) sont rassemblés dans un même groupe : les mammifères carnivores. On y trouve les félins, les canidés et les ours, mais aussi d'autres familles : les pinnipèdes (otarie, phoque...), les mustélidés (belette, blaireau...)... Certaines espèces de ces familles mangent en fait très peu de viande. Mais elles demeurent classées parmi les carnivores car elles possèdent les fameuses dents carnassières, et également d'autres caractéristiques communes. Il existe aussi des mammifères prédateurs, amateurs de viande, de poisson ou d'insectes, dans d'autres groupes que celui des carnivores : des cétacés (mammifères marins), certains marsupiaux (la famille des kangourous), des insectivores comme le hérisson, la taupe ou les chauves-souris, ou encore certains singes comme le chimpanzé ou le babouin, qui capturent parfois de petits animaux.***

HYÈNE TACHETÉE (*Crocuta crocuta*)
Malgré sa ressemblance avec les canidés, la hyène appartient à une autre famille de carnivores. Elle parcourt les territoires d'Afrique (excepté les forêts denses et les déserts) en solitaire ou en petit groupe. Elle a une réputation de charognard, et profite en effet volontiers des restes des repas des grands félins. Mais c'est avant tout une excellente chasseuse nocturne : elle suit les troupeaux d'ongulés pour attaquer les jeunes ou les blessés. Elle est connue pour son cri très particulier, qui ressemble à un rire narquois.

LOUTRE COMMUNE (*Lutra lutra*)
Élégante, habile et joueuse, la loutre vit au bord des cours d'eau en Europe, en Afrique du Nord et en Asie. Son corps fuselé (elle mesure jusqu'à 1,10 m, queue comprise, pour un poids de 7 kg en moyenne) est adapté pour la nage, ses doigts sont palmés et son poil long et lisse permet à l'eau de glisser. Elle peut rester 8 mn en apnée à poursuivre les poissons. Elle dévore ensuite sa prise sur la berge ou en faisant la planche sur le dos.

DIABLE DE TASMANIE (*Sarcophilus harrisii*)
Cet étrange animal est un marsupial : comme les kangourous, il porte ses petits dans une poche située sur son ventre. Il ne subsiste plus aujourd'hui que sur l'île de Tasmanie, au sud de l'Australie. Il mesure entre 50 et 80 cm, et le mâle peut peser jusqu'à 12 kg. S'il se nourrit principalement de charognes, il chasse aussi en groupe de petits animaux, grâce à ses mâchoires puissantes et à son très bon odorat.

MANGOUSTE INDIENNE GRISE (*Herpestes edwardsii*)
Il existe de nombreuses espèces de mangoustes, qui vivent en petites communautés dans les régions arides et tropicales. Certaines, comme la mangouste indienne grise (ou mangouste d'Edwards), sont d'habiles chasseuses capables de tuer scorpions et serpents. Elles se nourrissent également de petits mammifères, d'oiseaux, d'insectes, d'œufs et de végétaux.

## Zoom

### LES NETTOYEURS

Certains rapaces, comme les vautours, sont des charognards. Ils effectuent de larges cercles dans le ciel à la recherche d'animaux morts. On pense qu'ils les différencient d'animaux simplement endormis, notamment grâce à la présence d'insectes au-dessus des cadavres. C'est dire si leur vue est perçante ! Les vautours doivent disputer la place autour de la dépouille à d'autres charognards, comme le chacal. Lorsqu'ils ont terminé leur festin, le gypaète barbu vient achever le travail : avec son large bec, son grand gosier et un système digestif particulier, il peut avaler et digérer les os.

Alule : ce petit groupe de plumes joue le rôle de déflecteur d'air – lorsque l'oiseau ralentit, il évite le décrochage (c'est-à-dire la chute due à une vitesse trop faible).

La forme des ailes des rapaces diffère selon leur habitat et leur technique de chasse. Les ailes pointues et en forme de V des faucons leur permettent de fondre à toute vitesse sur les oiseaux. Les rapaces vivant en forêt, comme les éperviers, ont des ailes courtes, afin de manœuvrer aisément. Et les aigles ou les milans, qui chassent dans des espaces découverts, possèdent de longues et larges ailes adaptées au vol plané.

La vue des rapaces est 2 à 3 fois supérieure à celle de l'homme. Un aigle est capable d'apercevoir une souris à plusieurs centaines de mètres de distance ! L'œil est protégé par une membrane mobile dite « nictitante ». Chez les rapaces nocturnes, l'œil est proéminent et possède une large pupille afin de capter un maximum de lumière.

L'os saillant de l'arcade sourcilière forme une sorte de visière qui protège l'œil de la lumière et du vent.

Rémiges : les longues plumes situées le long des ailes propulsent l'oiseau et servent à contrôler le vol. Chacune peut s'orienter indépendamment des autres afin de s'adapter à tout instant aux conditions de vol.

Rectrices : les plumes de la queue servent de gouvernail et lorsque, l'oiseau se cabre pour se saisir de sa proie ou lors de l'atterrissage, elles font office d'aérofreins en plus des ailes.

Les rapaces sont les seuls oiseaux possédant des serres. Elles sont puissantes, munies de 4 doigts pourvus chacun d'une longue griffe recourbée. Lorsqu'il capture une proie, l'oiseau se cabre brusquement et projette ses serres en avant.

# Les rapaces

## LES MAÎTRES DU CIEL

***Se jouant des courants d'air, les rapaces diurnes planent durant le jour en guettant les animaux au sol ou les autres oiseaux, tandis que les rapaces nocturnes prennent leur envol à la tombée de la nuit, scrutant l'obscurité à l'affût d'insectes, de reptiles ou de petits mammifères. Il existe de nombreux oiseaux prédateurs (le héron pêche, l'hirondelle poursuit les insectes en vol...). Mais seuls les oiseaux de proie utilisent leurs pattes, appelées « serres », pour capturer leur nourriture. On les rencontre sur tous les continents : il existe plus de 300 espèces de rapaces diurnes et environ 180 nocturnes.***

LE VOL SILENCIEUX DES RAPACES NOCTURNES

Dans le silence de la nuit, les hiboux et les chouettes ont tout intérêt à voler sans bruit, afin d'entendre leurs proies et de ne pas les effrayer. Sur le bord d'attaque (situé à l'avant) des longues plumes de leurs ailes, des dents très fines atténuent le bruit des battements d'ailes. Le reste de leur plumage, gonflé d'air, contribue également à rendre leur vol silencieux. Ils peuvent donc utiliser leur ouïe très fine pour chasser dans l'obscurité. Leur disque facial (le rond que forment les plumes sur leur face) oriente les sons vers les deux orifices auditifs. Ceux-ci sont légèrement décalés l'un par rapport à l'autre – ce qui permet à l'oiseau de localiser l'origine d'un bruit grâce à la différence de temps avec laquelle il parvient à chaque oreille.

FAUCON PÈLERIN (*Falco peregrinus*)

C'est le champion de vitesse ! Véritable acrobate aérien, le faucon pèlerin chasse en plein vol les autres oiseaux. Il les repère en planant haut dans le ciel, puis il fond sur eux en effectuant des piqués vertigineux, les ailes repliées pour augmenter sa vitesse. Il saisit ses proies entre ses serres et les tue d'un coup de bec. Lors de ces attaques en piqué, il peut atteindre plus de 300 km/h. Répandu dans le monde entier, il mesure 95 cm à 1,15 m d'envergure.

GRAND-DUC D'EUROPE (*Bubo bubo*)

Avec une envergure qui peut atteindre 180 cm, le grand-duc est le plus grand rapace nocturne d'Europe. On le rencontre jusqu'en Asie et en Afrique du Nord. De l'insecte au renard, il chasse tout : lapin, rat, campagnol, d'autres oiseaux comme des corbeaux, des canards ou d'autres rapaces, qu'il saisit au sol ou en plein vol. Son « hou-hou », grave et monotone, est très reconnaissable.

CIRCAÈTE JEAN-LE-BLANC (*Circaetus gallicus*)

Les circaètes sont des chasseurs de serpents. Le circaète jean-le-blanc (1,65 à 1,78 m d'envergure), qui passe l'hiver en Afrique et l'été en Europe, ne mange pratiquement que des reptiles. Il les capture d'un mouvement vif, puis les avale progressivement, la tête la première. Il mange parfois sa proie en vol : on voit alors le corps du serpent pendre de son bec. Son cousin africain, le circaète brun, plus puissant, peut s'attaquer à des serpents de plus de 2 m de long.

EFFRAIE DES CLOCHERS (*Tyto alba*)

L'effraie des clochers est aussi surnommée « la dame blanche ». Cette chouette vit dans les campagnes du monde entier. De petite taille (33 à 39 cm de hauteur), elle chasse des petits rongeurs et parfois de gros insectes ou des grenouilles. Le jour, elle dort dans un trou d'arbre ou de roche, ou dans un recoin de grange... ou de clocher.

## LES REQUINS, SEIGNEURS DES MERS

Du bout du nez à la pointe de l'aileron, le requin est fait pour chasser ! Grâce à sa peau couverte de petites dents qui permettent à l'eau de glisser, il nage vite et silencieusement. Il est capable de sentir l'odeur du sang à des kilomètres de distance. Mieux encore : il possède, à l'extrémité de son nez et le long de son corps, des capteurs qui détectent le champ magnétique émis par les êtres vivants : c'est ainsi qu'il peut repérer ses proies en eaux troubles ou sous le sable. Et ses dents, disposées en plusieurs rangées, sont toujours neuves : régulièrement, les premières tombent et le rang suivant avance pour les remplacer. Il existe 360 espèces de requins. Avec ses 4 à 6 m de long, le grand requin blanc est l'un des plus gros. Le requin tigre, le requin mako, le requin bleu sont quelques autres grands prédateurs du monde sous-marin. Ils chassent d'autres poissons, des phoques, des pieuvres, des tortues marines, de jeunes baleines...

# Les prédateurs des océans

***La terre ferme n'est pas le seul royaume des prédateurs. L'océan est aussi le théâtre de stratégies retorses et de courses-poursuites effrénées entre les chasseurs et ceux qui sont chassés. Des poissons, des mammifères marins et des oiseaux pêcheurs jouent dans le monde aquatique le même rôle que les prédateurs terrestres.***

LÉOPARD DES MERS (*Hydrurga leptonyx*)
Le léopard des mers, ou phoque léopard, est un élégant mais féroce prédateur. Dans l'océan Antarctique, il chasse de plus petits phoques et des oiseaux marins. Ses proies favorites sont les manchots, qu'il guette lorsqu'ils se jettent à l'eau. Même s'il mange également de petites crevettes (le krill), c'est un régime alimentaire assez inhabituel, car la plupart des phoques et des otaries se nourrissent principalement de poissons et de crustacés.

GRAND DAUPHIN (*Tursiops truncatus*)
Le grand dauphin, ou dauphin souffleur, a beau avoir l'air aimable, il est la terreur des sardines. Les dauphins vivent en groupe. Pour chasser, ils utilisent l'écholocation (comme les chauves-souris) et ils déploient des stratégies sophistiquées afin d'encercler les bancs de poissons. Leur rostre (ou bec) est muni de nombreuses petites dents pointues, idéales pour saisir les proies glissantes comme les calamars ou les poissons.

ORQUE (*Orcinus orca*)
À cause de sa taille imposante (le mâle peut atteindre 9 m de long), on surnomme l'orque « la baleine tueuse », mais elle fait en réalité partie de la famille des dauphins. Redoutable prédateur, elle chasse des oiseaux de mer, de gros poissons (parfois des requins) et d'autres mammifères marins (dauphins, otaries et même de jeunes baleineaux). Elle vit dans les mers froides et tempérées ; on peut la rencontrer en Méditerranée.

BARRACUDA (*Sphyraena barracuda*)
Ce grand poisson carnivore peut mesurer jusqu'à 2 m de long. Il nage dans les mers chaudes, près des récifs coralliens. Sa longue mâchoire pointue est armée d'une série de grandes dents en forme de poignards. Vorace, il chasse toutes sortes de poissons, qu'il attaque par-derrière en accélérant brusquement. Le barracuda a une mauvaise réputation car il s'approche volontiers des plongeurs et peut infliger de sérieuses morsures s'il se sent menacé.

GRAND CORMORAN (*Phalacrocorax carbo*)
Le grand cormoran est un spécialiste du plongeon : il guette les poissons en volant au-dessus de l'eau, plonge la tête la première en repliant ses ailes et nage à la poursuite de sa proie grâce à ses pattes palmées. Il peut passer plus de 1 mn sous l'eau et atteindre 30 m de profondeur ! Il vit sur les côtes de l'Atlantique Nord, sur les îlots rocheux ou les falaises, mais on le rencontre aussi parfois dans l'intérieur des terres, près des lacs.

MANCHOT EMPEREUR (*Aptenodytes forsteri*)
Pataud lorsqu'il marche sur la glace de l'Antarctique, le manchot empereur est à son aise une fois dans l'eau : il peut nager à 30 km/h, descendre à 400 m de profondeur et rester sous l'eau plus de 1/4 d'heure. Ses petites ailes rigides lui servent de nageoires et ses pattes palmées de gouvernail. Il peut même bondir hors de l'eau, à la manière d'un dauphin. Il se nourrit de poissons, de crevettes et de calmars. Il mesure environ 1,20 m et vit en grandes colonies.

# Les reptiles

Les serpents sont sourds : ils n'ont pas d'orifice auditif ni de tympans. En revanche, un ensemble de petits os dans leur crâne forment un appareil auditif sensible aux vibrations.

Certains serpents, comme les crotales ou les pythons, possèdent des fossettes thermosensibles, des capteurs capables de détecter d'infimes variations de température. Ils peuvent ainsi repérer une proie à la chaleur émise par son corps.

L'organe de Jacobson analyse les odeurs. Il est constitué de deux cavités situées dans le palais, dans lesquelles les extrémités de la langue s'introduisent pour y déposer les molécules prélevées dans l'air.

La langue des serpent est fourchue (on dit aussi « bifide »). Elle recueille les molécules odorantes présentes dans l'air pour le transmettre à l'organe de Jacobson. Ainsi, le serpent « sent » par la langue et non par le nez !

Située dans le palais, la glande à venin sécrète la dangereuse substance, constituée de sucs digestifs très concentrés et de produits chimiques nocifs.

Les crochets à venin sont des dents longues et creuses par lesquelles le venin est injecté dans la proie. Lorsque le crotale ouvre la gueule, ses crochets se dressent pour mieux se planter dans la chair de sa victime.

La colonne vertébrale comporte, selon les espèces, de 130 à près de 400 vertèbres. Elle est très souple pour permettre la progression en rampant. Les côtes peuvent s'écarter pour permettre le passage de grosses proies.

Chez tous les reptiles, la peau porte des écailles. Elles limitent l'évaporation de l'eau du corps. Chez les crotales, ou serpents à sonnette, le bout de la queue porte des écailles particulières, en forme d'anneaux, qui, en se cognant les unes aux autres, produisent un bruit d'alerte caractéristique.

## ? Le saviez-vous ?

TOUT NU PENDANT LA MUE

La peau des serpents, couverte d'écailles, n'est pas très élastique : elle ne grandit pas avec leur corps. Il leur faut donc muer – quitter leur ancienne peau – régulièrement. Lors de la mue, la peau se détache du corps en un seul morceau. Elle est remplacée par une peau toute neuve, qui s'est formée en dessous. Durant cette période, qui dure de 1 à 3 semaines, le serpent est vulnérable, car ses yeux deviennent opaques et sa vue est mauvaise. Il se terre donc dans un abri.

## LES SERPENTS

***Ssssss... surprenants, les serpents ! Les serpents venimeux tuent leur proie par une morsure. Selon leur taille, ils s'attaquent à des mollusques, des grenouilles, de petits mammifères... Mais ils mordent aussi pour se défendre face à leurs propres prédateurs. Les grands serpents, comme le python ou le boa, ne sont pas venimeux mais constricteurs. Leur seule arme est leur musculature : ils s'enroulent autour du corps de leur victime pour l'étouffer. Grâce aux articulations souples de leurs mâchoires, les serpents peuvent ingérer une proie bien plus grosse qu'eux. Ils avalent leur prise en entier et la digèrent ensuite lentement.***

## LES CROCODILES

***Les crocodiles sont des animaux très anciens, qui peuplaient déjà la planète il y a des millions d'années, côtoyant les dinosaures. Ils vivent aujourd'hui dans les régions chaudes d'Asie, d'Afrique, d'Amérique et d'Australie, près des lacs, des marécages ou des rivières. Excellents nageurs, ils utilisent leur queue pour se propulser et guettent leurs proies immergés dans l'eau, seuls les yeux et les narines dépassant de la surface. Ils rejoignent la terre ferme surtout pour se chauffer au soleil. Il existe 23 espèces de crocodiliens (caïmans, crocodiles, alligators et gavials) qui se nourrissent de poissons, d'autres reptiles, de petits ou de plus gros mammifères...***

COBRA INDIEN (*Naja naja*)
Le cobra indien, ou serpent à lunettes, est l'un des serpents les plus venimeux du monde. Il chasse des lézards, des petits rongeurs et des grenouilles. Il peut atteindre 2 m de longueur. Lorsqu'ils se sentent menacés, les cobras se dressent en élargissant leur cou pour paraître plus impressionnants et, selon les espèces, crachent du venin vers leur adversaire ou mordent.

ANACONDA (*Eunectes murinus*)
Avec 6 à 10 m de longueur et jusqu'à 250 kg, l'anaconda est l'un des plus gros serpents du monde. Il vit dans les marécages d'Amérique du Sud et passe la plus grande partie de son temps dans l'eau. Ce serpent constricteur attaque aussi bien des grenouilles que de gros mammifères et est même capable de tuer un caïman ! Après un repas, il ne mange plus durant des semaines, voire des mois, le temps de digérer le précédent festin.

GAVIAL DU GANGE (*Gavialis gangeticus*)
Le gavial du Gange est facile à reconnaître, avec son long museau étroit bordé de dents pointues : un outil efficace pour attraper avec adresse les petits poissons. Ce crocodile vit au bord des fleuves de l'Inde. Bien qu'il soit considéré comme sacré, il a été beaucoup chassé pour la qualité de sa peau, utilisée en maroquinerie, et il est aujourd'hui une espèce menacée.

CAÏMAN NOIR (*Melanosuchus niger*)
Dans la forêt tropicale amazonienne, le caïman noir se nourrit principalement de poissons, notamment de piranhas, de féroces poissons carnivores. Il mange également des tortues, des oiseaux et des mammifères. Il chasse surtout dans l'eau, mais il lui arrive de se rendre à terre, la nuit, pour débusquer son repas. Les jeunes caïmans, prédateurs miniatures, se nourrissent d'insectes et de crustacés.

CROCODILE DU NIL (*Crocodylus niloticus*)
Le crocodile du Nil, en Afrique, est l'un des plus grands reptiles (il mesure 4 m en moyenne, mais peut atteindre 7 m, et pèse entre 500 kg et 1 t). Comme tous les crocodiles, il est essentiellement aquatique, mais il peut être d'une surprenante rapidité sur la terre ferme et charger à 18 km/h ! Il chasse les gros mammifères (antilopes, gnous, singes, petits félins...) en se tenant à l'affût lorsqu'ils viennent boire aux points d'eau.

## DANS LA TOILE DE L'ARAIGNÉE

Il existe environ 40 000 espèces d'araignées dans le monde. Toutes sont carnivores et possèdent des glandes venimeuses, mais peu sont dangereuses pour l'homme. La plupart capturent des insectes en tissant des toiles, dont les formes sophistiquées varient selon les espèces. Lorsque les vibrations de la toile avertissent l'araignée qu'un imprudent s'est fait prendre au piège, elle se précipite vers sa victime et la paralyse d'une morsure venimeuse, puis l'emballe dans un cocon. Les sucs digestifs inoculés par la morsure dissolvent l'insecte, et l'araignée n'a plus qu'à avaler le liquide ainsi obtenu.

ÉPEIRE DIADÈME (*Araneus diadematus*)
L'épeire est l'araignée la plus commune dans nos régions. On la reconnaît facilement au dessin en forme de croix sur son abdomen. Les femelles, plus grosses que les mâles, peuvent atteindre une taille de 2 cm. Elles tissent de grandes toiles qui peuvent mesurer jusqu'à 50 cm de diamètre.

# Minuscules prédateurs

***Tout près du sol, la guerre fait rage. Parmi les petits animaux invertébrés se trouvent de féroces prédateurs, armés de mandibules qui mastiquent et déchiquettent, de pinces redoutables ou de venin mortel.***

## Le saviez-vous ?

LA CLASSE DES ARTHROPODES

Les animaux de cette page appartiennent au groupe des arthropodes : ce sont des animaux invertébrés (c'est-à-dire dépourvus de squelette), mais qui possèdent un corps et des pattes articulées et une carapace externe. Ce groupe comprend les crustacés (crabes, crevettes...), les insectes (papillons, mouches, scarabées...), les arachnides (araignées, scorpions...) et les myriapodes (mille-pattes).

UNE ÉLÉGANTE CHASSEUSE

Parmi le million d'espèces d'insectes connues au monde, il existe forcément toutes sortes de régimes alimentaires. Certains grignotent les végétaux, d'autres se nourrissent de bois mort, de nectar de fleurs... Et d'autres sont de minuscules chasseurs, possédant des armes qui n'ont rien à envier aux crocs des grands prédateurs. Qui penserait, par exemple, que l'élégante libellule est, à chaque étape de sa vie d'insecte, une véritable tueuse ? À l'état de larve, elle vit dans l'eau, nageant à grande vitesse pour attraper des insectes, des têtards et même des petits poissons à l'aide de sa mâchoire extensible. Une fois adulte, elle se transforme en chasseuse aérienne : volant à toute allure (elle peut atteindre 50 km/h), elle repère ses proies avec ses grands yeux ultra-performants et les capture dans ses longues pattes hérissées de piquants.

LE DARD DU SCORPION

Gare au scorpion ! Il en existe plus de 1 500 espèces, toutes venimeuses. Le scorpion pique ses victimes avec l'aiguillon situé au bout de sa queue, qui se recourbe vers l'avant. Son venin paralyse ses victimes en agissant sur leur système nerveux. Mais il n'utilise cette arme qu'en dernier recours : si la proie qu'il maintient avec ses pinces se débat trop ou comme moyen de défense face à un prédateur. Les scorpions chassent généralement la nuit, principalement de grands insectes ou des araignées. Mais s'ils se sentent menacés, ils n'hésitent pas à attaquer des animaux beaucoup plus gros qu'eux.

## Zoom

DES PLANTES PRÉDATRICES

Eh oui, il existe des plantes mangeuses de viande ! Les plantes carnivores piègent de petits insectes : les feuilles de la dionée gobe-mouches, par exemple, se referment comme des mâchoires lorsqu'un insecte frôle ses cils très sensibles. Les plantes carnivores sécrètent des substances capables de digérer très lentement les matières animales. Il en existe environ 430 espèces, qui poussent principalement dans les milieux humides des régions chaudes.

TYRANNOSAURE (*Tyrannosaurus rex*)
Le tyrannosaure est sans doute l'un des plus grands carnivores terrestres qui aient jamais vécu sur notre planète. Il pesait 6 t et mesurait environ 12 m de longueur. Il vivait durant la fin du Crétacé, entre – 80 et – 65 millions d'années. On pense qu'il chassait de gros dinosaures herbivores, peut-être en groupe, mais selon certains scientifiques, il aurait aussi pu être un charognard.

# Les prédateurs du passé

## DES PRÉDATEURS À TOUS LES ÂGES

*Lorsque la vie apparaît sur Terre, il y a 3,8 milliards d'années, les êtres vivants sont des organismes microscopiques composés d'une seule cellule, qui se « nourrissent » d'éléments inertes présents dans l'eau et l'air. Mais vers 530 millions d'années avant notre ère, c'est la grande accélération : des végétaux, des invertébrés apparaissent… Et avec eux, les premières chaînes alimentaires. Lorsqu'il y a 440 millions d'années les premiers êtres vivants quittent l'eau pour se développer sur la terre ferme, il existe déjà des prédateurs et des proies. Dès lors, à chaque étape de l'histoire de la vie sur Terre, il existe des animaux carnivores. Les plus grands d'entre eux furent certainement des dinosaures. Apparus il y a 225 millions d'années, ils dominèrent la planète jusqu'à leur disparition il y a 65 millions d'années.*

MONSTRUEUX OISEAUX

Après la disparition des dinosaures il y a 65 millions d'années, de nombreuses espèces de mammifères se sont développées. Mais les nouveaux grands prédateurs étaient alors… des oiseaux ! Il s'agissait de grands oiseaux hauts sur pattes, incapables de voler, comme le diatryma, qui mesuraient quelque 2 m de haut et pesaient environ 200 kg. Avec leurs pattes puissantes et griffues, ils fonçaient sur leurs proies puis les tuaient de leur énorme bec.

### Zoom

LES TIGRES À DENTS DE SABRE

Il y a 2,5 millions d'années, un énorme félin, le smilodon, chassait les bisons, les chevaux, les jeunes mammouths et d'autres mammifères sur le continent américain. Il possédait 2 longues canines de plus de 18 cm, en forme de lames de poignard, qui lui servaient à tuer ses proies. Le smilodon était l'un des représentants de la famille des tigres à dents de sabre, ou machairodontes, qui regroupait plusieurs espèces de félins dotés de ces canines développées. Tous ont disparu il y a 10 millions d'années, à la fin de la période glaciaire. Tandis que leurs cousins, les ancêtres des félins modernes, ont continué de prospérer.

*DEINOSUCHUS HATCHERI*

Le « terrible crocodile » vivait au temps des dinosaures, il y a 75 millions d'années. Très semblable aux crocodiles actuels, mais bien plus gros (à partir du fossile de crâne retrouvé, long de 2 m, on estime qu'ils mesuraient jusqu'à 15 m), il était un prédateur redouté des dinosaures herbivores.

*VELOCIRAPTOR*

Durant le Crétacé, le *Velociraptor* était un petit dinosaure carnivore bipède qui mesurait environ 1,20 m de hauteur. Le deuxième orteil de ses pattes postérieures portait une grosse griffe recourbée qui devait être une arme redoutable. Il courait certainement très vite et l'on pense qu'il chassait en groupe pour encercler des proies de plus grande taille.

*DUNKLEOSTEUS*

Il y a 390 millions d'années, cet énorme poisson régnait sur tous les océans de la planète. Il pouvait dépasser 8 m de longueur. Sa tête était recouverte de plaques osseuses, qui formaient une véritable cuirasse, et ses mâchoires puissantes ne laissaient aucune chance aux autres poissons.

# L'art du camouflage

## RESTER DISCRET

*Pour augmenter leurs chances de capturer une proie, les prédateurs se font discrets ! La plupart d'entre eux portent des couleurs et des motifs qui se confondent avec ceux de leur environnement : les animaux des zones arides, comme le fennec ou le chacal, sont de couleur ocre ; ceux des bois et des forêts, bruns, noirs ou verts... Ainsi cachés aux regards, ils adoptent des comportements qui les rendent quasiment invisibles : les reptiles sont capables d'une immobilité parfaite et les félins des savanes approchent leurs proies avec une démarche souple et basse, afin de demeurer invisibles dans les hautes herbes. Cet art du camouflage n'est pas l'apanage des chasseurs : leurs proies utilisent les mêmes techniques pour éviter d'être repérées.*

LE VENTRE DU REQUIN

Le dos des requins est de couleur plutôt sombre – souvent bleu ou gris, comme le grand requin blanc, le requin bleu ou le requin mako – tandis que leur ventre est plus clair. Cela les rend moins repérables aussi bien vus de dessus (car leur dos foncé se confond avec l'eau sombre) que de dessous (car la surface, au-dessus d'eux est éclairée par le ciel).

### Le saviez-vous ?

DÉGUISÉS POUR MIEUX TROMPER

Certains prédateurs font mieux que de simplement se camoufler : ils se déguisent pour surprendre leurs proies. La mante religieuse, un insecte carnivore, prend l'apparence d'une fleur et se tient immobile pour gober les insectes butineurs. La baudroie, un poisson de mer, possède, sur la tête, un mince filament qui joue le rôle d'un appât pour attirer les petits poissons. La tortue alligator, qui vit en eau douce en Amérique du Nord, utilise la même ruse : gueule ouverte, elle agite sa langue munie d'un appendice qui ressemble à de petits vers de terre.

LES ARTIFICES DES SERPENTS

Étirés sur une branche ou lovés en boule dans un trou de terre, les serpents sont difficiles à apercevoir. Leurs couleurs se confondent avec celles de leur habitat favori : la vipère du Gabon, tapie dans les feuilles sèches, est brune et noire ; l'anaconda, qui nage dans les marais, arbore un gris-vert sombre... Les motifs géométriques sur leur corps améliorent encore le camouflage en reproduisant les formes présentes dans leur environnement.

MANTEAU D'HIVER

Pour les animaux de la banquise ou des régions enneigées, le blanc est de rigueur. L'ours polaire est le seul ours blanc. La panthère des neiges, ou once, un splendide félin vivant dans les montagnes d'Asie centrale, arbore une fourrure épaisse, d'un gris très clair moucheté de taches sombres, qui lui permet de se dissimuler dans la neige et les roches. D'autres n'arborent leur livrée blanche qu'en hiver : lorsque la neige disparaît, le renard polaire ou l'hermine reprennent une couleur brune. Ils sont ainsi camouflés toute l'année !

TACHES ET RAYURES CHEZ LES FÉLINS

La plupart des félins ont un pelage marqué de motifs : des rayures, des taches en forme de rosettes ou d'ocelles... Aux yeux des autres animaux, ces dessins brouillent la silhouette du félin et le rendent moins visible : les taches du jaguar imitent les ronds de lumière qui filtrent à travers les arbres de la forêt tropicale, tandis que les rayures du tigre le camouflent dans les hautes herbes.

# Techniques

## DÉBUSQUER LA PROIE

*Chasser n'est pas de tout repos. Les prédateurs mettent en œuvre toutes sortes de techniques pour débusquer et capturer leur repas. Ils parcourent leur territoire à l'affût du moindre signe de présence de proies potentielles, arpentant les zones qu'elles fréquentent... D'autres font preuve de patience en attendant, postés en embuscade à un endroit stratégique, le passage d'un animal. À chaque instant, ils utilisent les sens aiguisés que la nature a mis à leur disposition : le serpent se tient sur ses gardes à la moindre vibration du sol ; l'aigle effectue de grands cercles dans le ciel en scrutant le sol ; le loup hume les odeurs dans l'air puis suit la piste le museau à terre.*

### Le saviez-vous ?

PIÈGE MORTEL

En tissant sa toile, l'araignée fabrique un filet qui capture les insectes. Un autre petit prédateur a mis au point un véritable piège : la larve du fourmilion s'enterre dans le sable au fond d'un trou en forme d'entonnoir ; les petits insectes qui s'y aventurent glissent et tombent directement entre ses mâchoires. Pour accélérer leur chute, le petit animal projette même dans leur direction des petits grains qui les déséquilibrent !

DE L'ADRESSE

Une grenouille semble paresser sur un nénuphar... Mais qu'une libellule s'approche et, en une fraction de seconde, la grenouille projette sa langue, la saisit et l'avale. Le poisson archer, un autre amateur d'insectes, a une technique plus originale : il crache un jet d'eau vers sa proie pour la faire tomber. Le grizzly, lui aussi, fait preuve d'habileté : cet excellent pêcheur capture les saumons d'un coup de patte. Le héron, un grand oiseau familier des marais et des étangs, transperce les poissons d'un coup de bec vif et précis. De l'adresse, il en faut également au guépard, qui anticipe les bonds de côté de la gazelle qu'il poursuit pour sauter sur elle au bon moment. Maîtriser à la perfection leur technique de chasse : voilà le secret des prédateurs.

# de chasse

DE LA MÉTHODE

Certains prédateurs recherchent activement leur nourriture, se déplaçant pour trouver leurs proies. Les rapaces effectuent ainsi de grands cercles dans le ciel afin de balayer du regard une zone étendue. La coccinelle, féroce prédatrice des pucerons, parcourt chaque centimètre carré de branches et de feuilles et peut ainsi dévorer plus de 100 pucerons par jour !

Les animaux apprennent vite à reconnaître les zones où se concentre la nourriture, même créées artificiellement par l'homme. C'est ainsi qu'il n'est pas rare de voir des nuées de mouettes derrière les tracteurs qui labourent les champs, attirées par les vers de terre, ou des multitudes d'oiseaux de mer au-dessus des bateaux de pêche qui remontent leurs filets.

DE LA PATIENCE

Perché sur une branche dans la forêt amazonienne, le jaguar guette sa proie. Il attend qu'un animal passe en dessous de lui pour se laisser tomber de tout son poids sur sa victime. Cachée dans les rochers au fond de l'eau, la pieuvre se fait invisible. Dès qu'un crabe ou une écrevisse passent à sa portée, elle les saisit avec ses tentacules munis de ventouses. Le crocodile peut passer des heures à se tenir immobile dans l'eau, avant de jaillir pour saisir entre ses mâchoires l'animal qui s'approche de la rive… La patience est une qualité essentielle pour qui chasse à l'affût !

## Zoom

UTILISER DES OUTILS

Pour manger, nous utilisons un couteau et une fourchette. Les animaux aussi se servent parfois d'outils. Certains singes, comme le chimpanzé, et même des oiseaux, comme les géospizes des îles Galápagos, savent manier des brindilles pour attraper dans les trous des roches et des branches les insectes dont ils sont friands. Le vautour percnoptère, quant à lui, utilise des cailloux pour briser les coquilles d'œufs. Et les exemples sont nombreux !

# Chasser en groupe

## L'UNION FAIT LA FORCE

*Lorsque l'on est moins rapide ou moins gros que la proie que l'on poursuit, comment l'attraper ? En se regroupant pour l'encercler et l'attaquer à plusieurs. Certains prédateurs, au comportement social développé, vivent et chassent en groupe : les loups et la plupart des autres canidés, les singes, les dauphins, les orques ou encore des poissons tel le barracuda dans l'océan... Parmi les félins, seuls les lions pratiquent la chasse collective. Chez les insectes, les fourmis font montre d'une organisation exemplaire. D'autres espèces, comme les chauves-souris, certaines mangoustes, ou des oiseaux, vivent en société et chassent ensemble, mais chacun pour soi. La vie à plusieurs leur permet surtout, comme pour les animaux sociaux non carnivores, de s'avertir mutuellement de la présence de nourriture ou d'un danger.*

### PARTAGER LA NOURRITURE

Lorsque l'on chasse en groupe, on mange en groupe. Il faut donc, pour éviter les conflits, s'accorder sur la façon de partager la nourriture. Chez les lions, les plus forts mangent les premiers. Les lionnes et leurs petits se servent après les mâles. Chez les canidés, la hiérarchie détermine l'ordre avec lequel passer à table : les dominants se nourrissent les premiers. Beaucoup d'animaux régurgitent de la nourriture pour leurs petits. Mais chez plusieurs espèces, comme les lycaons, les chauves-souris ou les fourmis, un individu qui vient de se nourrir peut régurgiter une portion de son repas pour un autre qui en aurait besoin. Une véritable coopération !

### ? Le saviez-vous ?

**DE GRANDS BAVARDS**

Les animaux sociaux possèdent de grandes capacités de communication : les dauphins, par exemple, utilisent un véritable langage composé de sifflements et de « clics », et l'on a montré qu'ils étaient capables de reconnaître chaque individu du groupe à sa voix. On pense même qu'ils se nomment entre eux et s'identifient par leur nom !

DES PARTENAIRES INATTENDUS

Les charognards se délectent des restes des victimes des grands prédateurs. Ils ne sont pas les seuls animaux qui bénéficient des techniques de chasse d'autres espèces. Les fous de Bassan (des oiseaux marins) et les requins profitent, par exemple, de la stratégie des dauphins pour se gaver de sardines : les dauphins isolent une « boule » du banc de sardines et les forcent à monter vers la surface pour qu'elles ne leur échappent pas. Cela fait l'affaire des fous, qui ne pourraient pas capturer les poissons s'ils restaient en profondeur. Et lorsque les dauphins abandonnent le reste de la boule, c'est au tour des requins de profiter de l'aubaine.

## Zoom

VICTOIRE PAR K.-O.

Les lycaons ont une technique de chasse bien particulière : plutôt que d'attaquer leur proie, ils l'isolent du troupeau, l'encerclent et courent autour de la bête affolée jusqu'à ce qu'elle tombe d'épuisement. Ils se jettent alors sur elle pour la mettre à mort et la dévorer, en quelques minutes.

DE FINS STRATÈGES

Les loups utilisent plusieurs stratégies de chasse. L'une d'entre elles consiste à isoler l'animal plus lent, qu'il suffit ensuite d'encercler afin de le mettre à mort. Autre tactique : tandis que quelques loups se postent en embuscade, les autres contournent le troupeau et effraient les animaux qui foncent en direction du piège. Lors de ces parties de chasse aux méthodes variées et très élaborées, chacun semble savoir précisément quel est son rôle.

# Apprendre

## DE L'INSTINCT ET DE L'EXPÉRIENCE

*Un chat domestique chasse les oiseaux, même s'il est bien nourri : c'est son instinct qui le pousse à agir ainsi. Le chaton est « programmé » pour chasser. Mais il s'y prendra mieux s'il a déjà pu observer sa mère chatte attaquer un oiseau. Car, chez la plupart des animaux, il existe aussi une part d'apprentissage. Les techniques de chasse complexes, le savoir-faire et la connaissance des comportements des proies ne s'acquièrent pas facilement. La plupart des oiseaux et des mammifères (et même certains poissons et reptiles) nourrissent, élèvent et protègent leurs petits durant plusieurs mois, le temps de leur inculquer les notions importantes pour survivre. Les jeunes apprennent en observant les adultes, et s'ils ratent leurs premiers essais, les parents sont là pour fournir la nourriture.*

### TOUT UN GROUPE DE PROFESSEURS

Chez les animaux sociaux comme les canidés ou les cétacés, tout le groupe participe au nourrissage, à l'éducation et à la protection des jeunes. Chez les loups, par exemple, tous les adultes jouent avec les louveteaux, et certains se chargent de les surveiller près de la tanière tandis que les autres partent en chasse. À partir de quelques mois, les jeunes entrent en apprentissage et suivent les adultes à la chasse. Mais ils ne participent pas tout de suite à la mise à mort : leur rôle se borne à observer.

### Zoom

**LES JEUX DES PETITS FAUVES**

Les petits félins, les jeunes loups et bien d'autres bébés animaux passent beaucoup de temps à « jouer à la bagarre ». Leurs parents les y encouragent même, en les poussant d'un coup de patte de temps en temps. Car, par ces jeux qui miment des combats, les jeunes découvrent et répètent les techniques de défense et d'attaque et les postures d'agressivité et de soumission qui leur seront très utiles lors de leur vie d'adultes.

# à chasser

Il faudra du temps et quelques échecs au jeune ours blanc pour maîtriser l'art de la chasse au phoque. L'ours polaire emploie en effet plusieurs techniques pour pêcher le phoque : il s'étend sur la banquise près d'un trou, attendant qu'un animal pointe son museau pour respirer, ou brise le toit de glace des grottes qui abritent les jeunes phoques dans la banquise.

## DES MÈRES ATTENTIVES

Chez les ours ou la plupart des félins, on vit en solitaire. Seule la femelle s'occupe des petits. Lorsque les jeunes sont en âge d'apprendre, elle les emmène à la découverte du monde. Les petits accompagnent ainsi leur mère à la recherche de nourriture, observant le moindre de ses gestes… ou faisant preuve d'inattention, occupés à jouer ! La femelle surveille leurs erreurs, les grondant d'un coup de patte lorsqu'ils approchent un serpent venimeux ou tout autre danger. Peu à peu, les jeunes retiennent les leçons et deviennent autonomes.

## L'ÉCOLE DES ORQUES

Certaines orques utilisent une technique spectaculaire pour capturer les otaries de mer : elles se projettent sur la plage pour les attraper, puis retournent à la mer grâce à un mouvement brusque, en s'appuyant sur leur queue. Cette méthode « d'échouage volontaire » est très risquée, car l'orque peut rester bloquée sur la plage. Il faut plusieurs années aux jeunes pour maîtriser la technique. Les adultes les entraînent donc, dès leur plus jeune âge, à se dégager de cette position délicate : les mères expérimentées poussent les petits vers la plage, puis les aident, au besoin, à regagner la mer. Cette « école » est un cas très rare dans le monde animal : généralement, l'apprentissage se fait par imitation de la part des petits, et non pas par une transmission volontaire de la part des adultes.

# Une vie

## LES RISQUES DU MÉTIER

*Le chasseur ne gagne pas à tous les coups ! Bien souvent, sa proie s'échappe au dernier moment. Il arrive aussi que les prédateurs soient blessés lors du combat, car les cornes et les sabots des grands herbivores sont des armes de défense dangereuses. Un coup de sabot peut briser la mâchoire d'un loup ou d'un lion, le condamnant à mourir de faim. Et les proies possèdent aussi de nombreux atouts pour dissuader les prédateurs : des piquants pour le porc-épic, une peau recouverte de substance toxique pour certaines grenouilles, une odeur désagréable pour le putois... Les armes (griffes, venin...) des petits chasseurs leur servent aussi à se défendre contre leurs propres prédateurs. Les relations entre proies et prédateurs ne sont donc pas une guerre sans merci dont les proies seraient toujours les victimes, mais un savant équilibre entre les techniques de chasse des uns et les moyens de défense des autres.*

À LA FOIS PRÉDATEURS ET PROIES

Les superprédateurs, comme les grands félins, les ours, le loup, l'orque, le requin ou les plus grands rapaces, n'ont aucun ennemi une fois l'âge adulte atteint. En revanche, leurs jeunes sont vulnérables, et il leur faut les protéger dans des abris ou des cachettes. Quant aux autres animaux carnivores, ils ne sont pas seulement des chasseurs : ils sont aussi les proies de prédateurs plus gros qu'eux. Il leur faut donc chercher leur nourriture tout en évitant de se faire capturer. Les plus petits carnivores se trouvent en fait dans une situation assez similaire à celle des petits herbivores : toujours sur le qui-vive !

LES COULEURS VIVES

Certains amphibiens, insectes ou reptiles qui produisent des substances toxiques arborent des couleurs vives. Ce sont des signaux d'avertissement qui proclament : « Inutile de m'attaquer, je ne suis pas comestible. » Certaines espèces, pourtant non toxiques, portent les mêmes couleurs : futées, elles imitent les espèces dangereuses !

DISPARAÎTRE !

Le meilleur moyen de ne pas se faire attraper, c'est de ne pas être repéré ! Les oiseaux qui nichent au sol ont des plumes de couleurs ternes afin de ne pas être vus. Certains insectes imitent à la perfection, par leurs couleurs et la forme de leur corps, des brindilles ou des feuilles. Ils sont quasiment invisibles !

# de dangers

LA FUITE

Les ongulés (animaux à sabots) sont des champions de vitesse qui peuvent galoper très rapidement : l'antilope d'Amérique peut atteindre 86 km/h. Les kangourous, les lièvres détalent en bondissant grâce à leurs puissantes pattes arrière, les oiseaux s'envolent... Pas facile d'attraper une proie qui décampe !

PIQUANTS ET CARAPACES

Une boule ronde hérissée de piquants : l'oursin n'est pas facile à dévorer ! Le hérisson utilise la même tactique : en cas de danger, il se roule en boule et dresse ses poils très durs, qui se plantent dans la peau de l'assaillant. Les tortues possèdent une carapace solide où elles rentrent la tête et les pattes. Peu de prédateurs sont capables de broyer cet abri.

## Zoom

PAS SI CRUELS ?

Lorsqu'une proie fuit devant un prédateur – par exemple, une antilope poursuivie par un guépard – elle sécrète une substance, l'adrénaline, qui se répand dans son corps et augmente ses capacités physiques – ce qui lui permet de se sauver plus vite. Tout en détalant, l'antilope produit également d'autres substances, appelées « corticoïdes », qui diminuent la douleur. Grâce à elles, si elle est capturée malgré tout, elle ressentira un peu moins de souffrance lors de la mise à mort.

FAIRE LE MORT

L'opossum de Virginie est un gros marsupial qui vit en Amérique du Nord. Lorsqu'il est menacé, il se laisse tomber au sol, les membres raides et la gueule ouverte, afin de simuler la mort. Le prédateur, généralement plus attiré par une proie vivante, s'en désintéresse et passe son chemin. D'autres animaux, comme certains serpents ou des chèvres, utilisent aussi cette ruse.

# Des animaux

## UN ÉQUILIBRE NATUREL

*Malgré leurs techniques de chasse parfois spectaculaires, les prédateurs ne sont pas « méchants » ou cruels. Ils ne font qu'obéir à la nécessité de se nourrir. Mieux encore : ils sont indispensables à l'équilibre naturel. Lorsque des grands prédateurs disparaissent d'une région, leurs proies habituelles prolifèrent. Mais cette surpopulation déséquilibre l'écosystème : les petits carnivores menacent d'exterminer leurs propres proies, les grands herbivores détruisent la végétation. Les prédateurs sont donc des régulateurs. De plus, ils attaquent de préférence les proies les plus faciles (des animaux isolés du troupeau, jeunes, âgés ou malades). Ainsi, ils se fatiguent moins. Cette sélection a aussi un avantage pour l'écosystème : elle évite la propagation d'épidémies, car les animaux malades sont éliminés rapidement.*

LA LOUTRE ET LES FORÊTS DE KELP
Dans l'océan Pacifique Nord, d'immenses algues, appelées « kelp », forment de véritables forêts. Elles sont broutées par de nombreux oursins. Or, la loutre de mer, qui aime vivre à l'abri du kelp, se nourrit d'oursins, de mollusques et de crustacés. Elle joue donc un rôle positif pour les algues : là où la loutre est présente, les forêts de kelp sont étendues. Là où elle est absente, le kelp est plus dégradé.

LE COYOTE ET L'OISEAU
En Californie du Sud, aux États-Unis, plus de 75 espèces d'oiseaux ont disparu au cours du XXe siècle. La faute au chat, au renard gris d'Amérique, au raton laveur et à la moufette rayée, qui sont friands d'œufs et d'oiseaux et dont les populations ne sont plus limitées depuis la disparition dans la région de leur prédateur naturel : le coyote.

# indispensables

## Zoom

### LES PRÉDATEURS INTRODUITS

Lorsqu'un prédateur est introduit dans un nouveau milieu, il peut trouver des proies qui lui conviennent, s'adapter à ce nouvel environnement et s'y développer. Au risque de déséquilibrer l'écosystème en confisquant la nourriture des prédateurs naturellement présents dans la région ou en mettant en danger des animaux qui jusque-là n'avaient pas d'ennemis. Plus de 1 000 espèces d'oiseaux sont ainsi menacées dans le monde par la faute de prédateurs introduits par l'homme, comme les chats ou les rats arrivés par bateau dans certaines îles.

### LE LOUP ET LES VÉGÉTAUX

Dans le parc national du Yellowstone, aux États-Unis, la réintroduction du loup a permis de sauver des arbres, les peupliers de Virginie, qui étaient dévorés par les trop nombreux wapitis. Et au Canada, des scientifiques ont comparé la quantité de végétation dans les régions où le loup et le puma régulaient les populations de grands herbivores (caribou, orignal, cerf) et dans des régions sans loups. Résultat : en l'absence du loup, il y a moins de végétaux !

### JAMAIS TROP NOMBREUX

Les prédateurs ne risquent-ils pas d'exterminer toutes les proies à force de les chasser ? Si l'équilibre naturel est préservé, pas du tout. De nombreux herbivores peuvent vivre sur une même prairie, mais on y trouve moins de carnivores, qui se dispersent sur de plus vastes territoires de chasse. De plus, les populations de proies ont un mode de reproduction adaptée aux prélèvements effectués par les prédateurs. Les lapins, par exemple, se reproduisent souvent et font de nombreux petits, tandis que les lynx ont une période de gestation plus longue. Ainsi, ils ne sont pas trop nombreux par rapport aux lapins. Si, malgré tout, le nombre de lapins diminue, la population de lynx chute également, car ceux-ci ne peuvent plus se nourrir. Ce qui permet aux lapins de se développer à nouveau, et ainsi de suite.

Même si le fennec, petit renard du désert, attrape l'une de ces gerboises, il ne mettra pas en péril la survie de tout le groupe de rongeurs.

# Vivre avec les

## DES VOISINS QUI DÉRANGENT

*Les prédateurs sont des animaux fascinants, mais qui peuvent être dangereux. Et il n'est pas facile pour l'homme de cohabiter avec eux, surtout lorsque les espaces naturels se réduisent. Les proies sauvages devenant rares, certains font parfois des ravages dans les troupeaux de vaches ou de moutons des éleveurs ou s'approchent des villes à la recherche de nourriture. Même si la plupart d'entre eux sont en fait plutôt timides et préfèrent éviter l'homme, lorsque l'un de ces animaux sauvages croise un être humain sur son chemin, il peut l'attaquer pour se défendre. Aujourd'hui, on sait qu'il ne faut pas exterminer une espèce parce qu'elle est jugée dangereuse, et l'on tente même de réintroduire certains animaux là où ils avaient disparu. Mais, là où subsistent de grands prédateurs sauvages, il reste difficile de vivre en bonne entente avec eux.*

LE TIGRE MANGEUR D'HOMMES

En Inde, le tigre du Bengale a acquis la réputation de « mangeur d'homme ». Entre 1948 et 1986, plus de 800 personnes furent en effet tuées par des tigres. Il est pourtant très rare qu'un félin s'attaque à l'être humain, sauf si, blessé ou malade, il ne peut plus chasser normalement et se rabat sur cette proie facile. Mais le tigre du Bengale a vu son territoire se réduire considérablement et s'est retrouvé en contact forcé avec les zones habitées. Il s'attaque alors aux villageois. Dangereux pour l'homme, le tigre du Bengale est aussi menacé par lui : il est chassé pour sa fourrure par les braconniers.

# grands prédateurs : dans le monde

## Zoom

UNE PRISON POUR LES OURS POLAIRES

Dans le Grand Nord canadien, la petite ville de Churchill a construit en 1980 une « prison » pour ours polaires ! Car l'été, lorsque la banquise fond, les ours rejoignent la terre ferme et certains d'entre eux, en quête de nourriture, s'approchent de la ville. Ces ours trop audacieux, dangereux pour les habitants, sont capturés et enfermés dans un bâtiment spécialement aménagé. Ils seront relâchés une fois l'hiver venu, loin de la ville, sur la glace de la baie d'Hudson.

PLONGER AVEC LES REQUINS

Malgré leur réputation de monstres sanguinaires, les requins causent moins de 10 accidents mortels par an dans le monde. En réalité, c'est plutôt l'homme qui est un danger pour le requin ! Environ 100 millions de squales sont pêchés chaque année, pour leur chair, leur peau ou leurs dents. Dans de nombreux pays tropicaux, on propose aux touristes de plonger en compagnie des requins, que l'on attire en les nourrissant. Mais cette pratique, appelée le *shark feeding* (« nourrissage des requins »), augmente le risque d'accidents, car elle encourage les requins à se montrer agressifs vis-à-vis de l'homme.

L'AMI DE LA PANTHÈRE DES NEIGES

Au Pakistan, il arrive que la panthère des neiges s'attaque aux troupeaux de chèvres des villageois. Un économiste, Shafqat Hussain, a imaginé un moyen de préserver la panthère tout en satisfaisant les habitants. Il a mis en place un système d'assurance (chaque propriétaire de chèvres paie une petite somme) et un organisme qui propose des circuits touristiques pour observer la panthère des neiges. L'argent récolté de ces deux manières sert à dédommager les villageois lorsque des chèvres sont tuées par le félin.

### LA SAGA DE L'OURS

Il y a quelques siècles encore, les Pyrénées abritaient de nombreux ours bruns. Dans les années 1990, des ours bruns ont été capturés en Slovénie pour être réintroduits en France. Les scientifiques espéraient qu'ils allaient se reproduire avec les quelques ours locaux survivants. Et ça a marché ! Mais au fil des années, des ours pyrénéens sont morts de vieillesse ou ont été tués par accident par des chasseurs. On a donc réintroduit de nouveaux ours en 2006. Leur arrivée a déclenché la colère de certains habitants, tandis que d'autres se sont réjouis. Il ne reste aujourd'hui que quelques ours dans les Pyrénées françaises, mais personne n'est vraiment d'accord sur la place à leur accorder.

# Vivre avec les

## LES TROIS GRANDS PRÉDATEURS DE FRANCE

***Malgré leurs techniques de chasse parfois spectaculaires, l'ours, le loup et le lynx sont les grands prédateurs qui peuplaient autrefois les forêts françaises. Tous trois ont été victimes de la chasse : l'ours ne subsiste plus que dans les Pyrénées, tandis que le loup et le lynx ont totalement disparu de nos régions au cours du XIX^e et du XX^e siècle. Aujourd'hui, ils sont protégés et commencent à revenir en France, naturellement ou avec l'aide de l'homme. Mais cela ne va pas sans conflits.***

### LE RETOUR DU LOUP

Redouté par les hommes, le loup a été chassé et empoisonné durant des siècles. Le dernier loup de France a été tué dans les années 1930. En revanche, l'espèce n'a jamais totalement disparu des Alpes italiennes. Et en 1992, quelques loups gris italiens ont passé la frontière et ont prospéré du côté français : il y a aujourd'hui environ une centaine de loups en France. Une fois encore, ce retour clandestin n'est pas passé inaperçu, car ils font régulièrement de gros dégâts dans les troupeaux. L'État a donc décidé que certains d'entre eux, dans les zones les plus touchées, pourraient être abattus. Les responsables du parc national du Mercantour (une vaste zone protégée), eux, sont ravis du retour du loup, car il régule les populations d'ongulés... et attire les visiteurs !

### DISCRET, LE LYNX

Il y a quelques siècles encore, les Pyrénées abritaient de nombreux ours bruns. Le lynx boréal s'est réinstallé en France dans les années 1980 : il a été réintroduit par l'homme dans les Vosges, et il est revenu de lui-même, depuis la Suisse, dans le Jura et les Alpes. Un retour remarqué ! Car, à la fin des années 1980, des lynx trop gourmands font des ravages dans les troupeaux de moutons, et les éleveurs se révoltent. Des félins doivent même être abattus. Mais heureusement, dès 1990, les attaques de lynx se raréfient, et le conflit finit par s'apaiser. L'animal chasse désormais les chamois et les chevreuils plutôt que les moutons ! Aujourd'hui, un peu moins de 200 lynx peuplent les montagnes françaises, en toute discrétion.

# grands prédateurs : en France

POUR OU CONTRE LES PRÉDATEURS ?
Le retour des grands prédateurs ne réjouit pas tout le monde. Beaucoup de chasseurs les considèrent comme des concurrents. Certains éleveurs se plaignent que le lynx, le loup ou l'ours tuent leurs moutons et les empêchent d'exercer leur métier. Les écologistes rétorquent que le nombre d'ovins tués par des chiens errants, la foudre ou des éboulements est bien plus important et que les prédateurs sont le symbole d'une nature sauvage. Ils proposent aux éleveurs d'utiliser des chiens et des enclos pour protéger leurs troupeaux, et l'État a mis en place des indemnités pour rembourser les bêtes tuées.

## Le saviez-vous ?

SOUS SURVEILLANCE
Les scientifiques suivent avec attention les déplacements des grands prédateurs : des pisteurs cherchent les traces de leur passage, et les ours réintroduits dans les Pyrénées en 2006 sont équipés d'un collier émetteur, qui permet de connaître leur position par satellite. On peut ainsi avertir les chasseurs et les promeneurs des zones à éviter, afin de ne pas déranger les animaux et de ne pas risquer de rencontres dangereuses.

L'ARC : UNE ARME ANCIENNE
Durant une grande partie de la préhistoire, l'arme la plus utilisée était la sagaie, un mince bâton taillé en pointe que l'on lançait grâce à un propulseur. Puissante mais peu précise, la sagaie a peu à peu été remplacée par l'arc et les flèches : les arcs les plus anciens datent d'environ 10 000 ans av. J.-C. Ces simples arcs en bois pouvaient propulser des flèches à près de 200 km/h !

# De la chasse

## L'HOMME : UN PRÉDATEUR

***Nous sommes, nous aussi, des animaux prédateurs. Dès la préhistoire, pour se nourrir, l'homme a pêché des poissons et chassé de petits mammifères, mais aussi de plus gros animaux comme le mammouth ou les grands cervidés. Avec l'apparition de l'élevage, il y a environ 10 000 ans, il est devenu possible de manger de la viande sans tuer d'animaux sauvages. Mais pour de nombreux peuples, la chasse et la pêche sont restées d'importants moyens de subsistance. Durant longtemps, les méthodes de chasse traditionnelles ont laissé autant de chances à l'animal qu'au chasseur.***

### LA CHASSE AU HARPON

En Arctique, les Inuits chassaient au harpon les mammifères marins. Le harpon est un outil formé d'un long manche en bois ou en corne (la hampe) et d'une pointe (autrefois en os, aujourd'hui en métal). Lorsqu'un animal est frappé par le harpon, la pointe se détache de la hampe et reste fixée dans sa chair. Les Inuits guettaient le phoque près des trous dans la glace ou partaient en mer à bord de kayaks pour chasser la baleine.

### LES PIÈGES DES TRAPPEURS

Du XVIIe au début du XXe siècle, les trappeurs parcouraient le Grand Nord canadien, en disposant des pièges pour capturer de petits animaux. Le piégeage (la « trappe ») permet de tuer les castors, les renards ou les visons sans abîmer leur fourrure. À la fin de l'hiver, les trappeurs allaient vendre leurs peaux en ville. Aujourd'hui, il reste très peu de trappeurs : ils sont concurrencés par les élevages d'animaux à fourrure, et certaines des espèces qu'ils piégeaient ont disparu dans plusieurs régions.

### LA SARBACANE

Pour chasser les oiseaux et les petits mammifères dans la forêt tropicale, de nombreux peuples d'Amérique du Sud ou d'Asie utilisaient la sarbacane. En soufflant dans ce long tube creux en bois, ils projetaient une flèche avec précision. Certaines tribus augmentaient l'efficacité de leur arme en enduisant l'extrémité des flèches de poison, extrait de grenouilles ou de plantes toxiques.

### LA CHASSE DES OISEAUX AU FILET

Dans les marais au bord du Nil, les Égyptiens de l'Antiquité chassaient les oiseaux à l'aide d'un grand filet tendu dans une armature en bois, étendu sur un point d'eau. Une fois les oiseaux posés, les hommes tiraient brusquement sur une corde afin de refermer, comme un livre, le filet sur les oiseaux. Ailleurs dans le monde, d'autres méthodes de chasse au filet consistent à effrayer des oiseaux en vol pour les diriger vers un grand filet dressé.

# de subsistance...

Les armes des premiers chasseurs étaient très rudimentaires : des lances faites de pierres taillées fixées à des bâtons, des silex aiguisés pour découper la viande...

DES ANIMAUX QUI CHASSENT POUR L'HOMME

Dans plusieurs régions du monde, les hommes ont eu l'idée d'utiliser les capacités des animaux prédateurs pour leur propre bénéfice. La fauconnerie, ou chasse au vol, par exemple, est un art pratiqué depuis des siècles en Asie, en Europe et au Moyen-Orient : des rapaces apprivoisés (généralement des faucons ou des éperviers) rapportent leur proie en se posant sur le bras de leur dresseur. En Asie, on pratique la pêche au cormoran : une ficelle nouée autour du coup de l'oiseau l'empêche d'avaler les poissons qu'il pêche. En Europe, des furets tenus en laisse débusquent les lapins dans leurs terriers. Et les chiens de chasse, bien que domestiqués depuis très longtemps, sont des prédateurs dont on exploite le flair et l'instinct.

## Zoom

LE RESPECT DE LA PROIE

Chez de nombreux peuples traditionnels, comme les Indiens d'Amérique ou les Inuits du Groenland, les animaux abattus à la chasse étaient vénérés et remerciés par une prière ou un rituel. Ces peuples ne chassaient que ce dont ils avaient besoin, et chaque partie de l'animal était utilisée : la peau pour se vêtir, les os, les cornes ou les défenses pour fabriquer des objets (des flûtes, des manches de couteaux...), la graisse pour s'éclairer, et bien sûr la chair pour se nourrir.

# ... à la chasse

## CHASSER POUR LE PLAISIR

*Aujourd'hui, dans les pays développés, il n'est plus nécessaire de chasser pour vivre. On a pourtant continué de pratiquer la chasse, pour éliminer des animaux jugés nuisibles, mais aussi en tant que loisir. Le XIXe siècle fut ainsi l'âge d'or des safaris en Afrique ou en Asie, où les riches Occidentaux traquaient le tigre et le lion. De nos jours, la chasse est réglementée : en France, 90 espèces environ peuvent être chassées (c'est le nombre le plus élevé d'Europe), durant des périodes précises. Certains chasseurs pratiquent leur activité de façon raisonnable. Mais d'autres donnent une image très négative de la chasse en massacrant une grande quantité d'animaux.*

RÉTABLIR L'ÉQUILIBRE NATUREL

Dans certaines régions où les prédateurs naturels ont disparu, par la faute de l'homme, celui-ci doit les remplacer pour éviter la prolifération des herbivores et le dérèglement de l'écosystème : ainsi, depuis que le lynx, le loup et l'ours ont disparu des forêts européennes, l'homme est à présent obligé d'abattre régulièrement un certain nombre de cerfs ou de sangliers afin de limiter leurs populations. La chasse remplace le rôle joué autrefois par les grands prédateurs.

# de loisir

## Zoom

LES « CINQ GRANDS »

Au XIXe siècle, les riches amateurs de chasse se rendaient en Afrique pour y traquer les « cinq grands » : l'éléphant, le rhinocéros, le lion, le buffle et le léopard étaient considérés comme des trophées prestigieux, car leur chasse était difficile et dangereuse. Une fois l'animal abattu, on prélevait sa peau, ses cornes, ses pattes ou ses défenses comme trophées, preuves de l'exploit accompli. Aujourd'hui, les « cinq grands » sont des animaux protégés.

## Zoom

LES ANIMAUX DITS « NUISIBLES »

Le renard, la fouine, le lapin de garenne, le ragondin, le corbeau freux, le geai des chênes et bien d'autres sont des animaux classés « nuisibles », parce qu'ils risquent de véhiculer des maladies, comme la rage, ou de causer des dommages dans les cultures ou dans les élevages. Leur chasse est non seulement autorisée mais encouragée, et tout les moyens sont bons pour les exterminer : pièges, poison... Pourtant, ces animaux ont tous une place et un rôle dans l'écosystème.

DES CHASSES ORGANISÉES

Plus de 30 millions d'animaux sont abattus chaque année en France par les fusils des chasseurs. Les plus tués sont le pigeon ramier, le faisan, la grive et le lapin, la perdrix, le canard colvert et la bécasse. Mais pour assurer la présence de gibier aux chasseurs, près de la moitié de ces animaux sont en fait des bêtes élevées en captivité puis lâchées dans la nature à l'ouverture de la chasse. Cette pratique épargne les animaux sauvages, mais elle peut être considérée comme cruelle, car ce gibier peu habitué à la vie en pleine nature est très facile à abattre. Et il ne s'agit pas, dans ce cas, de chasses nécessaires pour réguler les populations animales...

# Mythes et

*Durant longtemps, les hommes, vivant au contact de la nature, ont redouté et admiré les grands prédateurs. Entre fascination et répulsion, ces animaux ont inspiré de nombreuses légendes, dans lesquelles ils symbolisent la guerre, le mal ou la mort, mais aussi la puissance et le courage.*

L'OURS : UN ANIMAL LÉGENDAIRE

De la préhistoire jusqu'au Moyen Âge, les peuples germaniques considéraient l'ours comme l'animal le plus puissant et lui vouaient un véritable culte. Afin de s'approprier sa force, les guerriers pratiquaient d'étranges rituels durant lesquels, habillés de peaux d'ours, ils dansaient et buvaient le sang de l'animal. Ils portaient aussi ses canines et ses griffes en guise d'amulettes. Des légendes racontaient même que des ours enlevaient et violaient des jeunes femmes, donnant naissance à des guerriers invincibles, mi-hommes mi-ours. L'ours était considéré comme un être vivant à part, intermédiaire entre le monde animal et celui des humains.

LA PEUR DU LOUP

S'il y a un « grand méchant loup » dans de nombreux contes, c'est que cet animal, qui peuplait autrefois les campagnes en Europe, était réellement craint. Bien sûr, il lui arrivait d'attaquer des animaux domestiques et, parfois, des hommes. Mais la peur qu'il inspirait allait au-delà de ces actes. Au Moyen Âge, l'Église fait du loup l'incarnation du Diable. On raconte l'histoire d'hommes qui se transformeraient à la tombée de la nuit en loups monstrueux, les loups-garous. Des personnes suspectées d'être des loups-garous furent même jugées et brûlées vives ! Et au XVIIIe siècle, dans le Sud de la France, une autre affaire renforce la mauvaise réputation du loup : un loup de très grande taille, surnommé « la Bête du Gévaudan », est soupçonné d'avoir tué une centaine de personnes. En réalité, le loup cristallise à cette époque un ensemble de peurs et de superstitions.

## Le saviez-vous ?

LA NAISSANCE DE L'OURS EN PELUCHE

Une anecdote raconte qu'en novembre 1902, le président américain Theodore Roosevelt, lors d'une partie de chasse, refusa de tuer un ourson qu'on lui présentait attaché à un piquet, en déclarant qu'il ne pourrait plus regarder ses enfants en face s'il commettait cet acte cruel. Un fabricant de jouets eut alors l'idée de fabriquer un ours en peluche, qu'il baptisa « Teddy » en l'honneur du président. Depuis, l'ours en peluche reste le compagnon favori des enfants.

# légendes autour des prédateurs

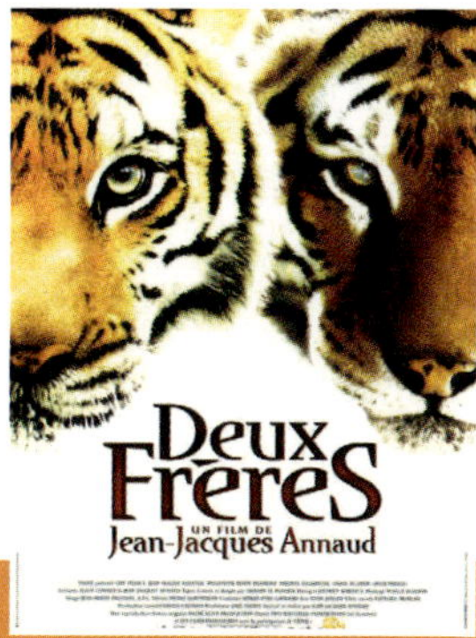


DRAGONS

On rencontre des dragons dans les légendes de toutes les régions du monde. Ces animaux monstrueux sont représentés sous diverses formes. En Chine, c'est un serpent géant, bienfaisant, qui symbolise l'eau et l'équilibre. Dans la mythologie gréco-romaine, l'hydre est un monstre terrifiant aux multiples têtes de serpents. En Europe, au Moyen Âge, le dragon prend la forme d'un gigantesque lézard cracheur de feu, venu du monde des Enfers. Dans la Bible, le dragon symbolise le mal : le démon de l'Apocalypse, combattu par l'archange saint Michel, est représenté sous la forme d'un dragon.

FILMS ET LIVRES AUTOUR DES PRÉDATEURS

De nos jours encore, les prédateurs inspirent des histoires. Le roman *Le Lion*, de Joseph Kessel, parle de l'étonnante amitié qui lie une petite fille et un lion, au Kenya. *Croc-Blanc*, de Jack London, relate l'histoire d'un chien-loup tour à tour ami et ennemi des hommes. Au cinéma, le film *Les Dents de la mer* a contribué à la mauvaise réputation du grand requin blanc. Au contraire, *Sauvez Willy* raconte l'amour d'un jeune garçon pour une orque en captivité. Enfin, le réalisateur français Jean-Jacques Annaud a tourné deux très beaux films sur les animaux sauvages : *L'Ours*, l'histoire d'un ourson privé de sa mère qui apprend à grandir auprès d'un vieil ours, et *Deux Frères*, dans lequel deux jeunes tigres sont capturés par les hommes.

## Zoom

UN BESTIAIRE DIVIN

Dans la mythologie égyptienne, de nombreuses divinités sont représentées sous forme d'animaux. Et les prédateurs sont bien sûr présents dans le panthéon ! La déesse guerrière Sekhmet prend l'apparence d'une lionne. Le dieu Anubis, à tête de chacal, est le protecteur des défunts. Apophis, le dieu-serpent, attaque chaque matin la barque solaire pour interrompre la course de l'astre du jour. Enfin, le protecteur des pharaons, le dieu Horus, porte une tête de faucon.

## Le saviez-vous ?

LE LION, ROI DES ANIMAUX

Le lion est surnommé « le roi des animaux ». Sans doute parce que sa force et l'allure majestueuse que lui donne sa crinière ont impressionné les premiers Européens qui l'ont rencontré. Dans les fables de Jean de La Fontaine, rédigées au XVIIe siècle (des histoires dans lesquelles il met en scène des animaux ayant des traits de caractère humains), le lion joue le rôle du roi, noble et impitoyable.

LA LOUVE DE ROME

La louve est l'emblème de l'Italie. La légende raconte en effet que les jumeaux Romulus et Remus, abandonnés par leur oncle qui craignait qu'ils ne revendiquent un jour son trône, auraient été recueillis et nourris par une louve. Plus tard, Romulus et Remus décident de fonder une ville, mais ils se disputent pour lui choisir un nom et un chef. Romulus se bat avec son frère Remus et le tue, puis il construit sa ville, qu'il baptise Rome.

LA POMME DU SERPENT

Dans la religion catholique, le serpent représente Satan et le mal : selon la Bible, les premiers êtres humains, Adam et Ève, ont été chassés du paradis lorsque le rusé animal a réussi à convaincre Ève de manger la pomme, le seul fruit qui leur avait été défendu.

## LE GRIFFON

Animal fabuleux mi-aigle et mi-lion, le griffon apparaît dans la mythologie antique grecque, romaine et égyptienne. On le représente souvent attelé au char des dieux. Il est aussi, selon les cultures, le gardien du monde des morts. On le retrouve dans la religion chrétienne au Moyen Âge. Lié à la terre par son corps de lion et au ciel par ses ailes d'aigle, il symbolise la résurrection.

## LA VIPÈRE DE CLÉOPÂTRE

En l'an 30 av. J.-C., les armées de la reine d'Égypte Cléopâtre et de son amant, le romain Marc Antoine, sont vaincues par celles d'Octave, qui prétend au titre d'empereur. L'histoire raconte que la reine d'Égypte aurait alors demandé qu'on lui apporte un panier contenant une vipère aspic et qu'elle se serait suicidée en se laissant mordre par le serpent.

## LE LION DE NÉMÉE

Dans la Grèce antique, le lion de Némée faisait régner la terreur, jusqu'à ce que le héros Héraclès (Hercule, dans la mythologie romaine) parvienne à le tuer, lors du premier de ses douze travaux. Comme rien ne pouvait percer la peau de l'animal, Héraclès l'étrangla à mains nues. Puis il se revêtit de sa peau, qui devint l'un de ses célèbres trophées.

## L'AIGLE ET GANYMÈDE

Dans la mythologie grecque, Ganymède est un adolescent d'une grande beauté. Le dieu Zeus l'aperçoit alors qu'il fait paître son troupeau et se métamorphose en aigle pour enlever le jeune homme. Ganymède devient alors l'amant de Zeus et est chargé de servir les boissons divines aux dieux de l'Olympe.

## Anecdote

### UN PEU DE VOCABULAIRE

*Rapace, vautour, requin* : ces mots sont employés pour qualifier des personnes très intéressées par l'argent. Ce qui ne rend pas ces animaux très sympathiques ! D'autres expressions marquent la mauvaise réputation des prédateurs : on dit ainsi « se jeter dans la gueule du loup » lorsque l'on fonce droit vers un danger ; « une langue de vipère » pour désigner une personne médisante...

# Les prédateurs disparaissent

*Malgré leurs crocs et leurs griffes, les prédateurs sont des animaux fragiles. Pour vivre, ils ont besoin de vastes territoires sauvages, peuplés de proies. Malheureusement, les grands espaces naturels se font de plus en plus rares : ils sont segmentés par les villes et les routes, qui forment de véritables barrières infranchissables. De nombreux animaux ont déjà totalement disparu de certaines régions : il n'y a plus de lions en Afrique du Nord, ni de tigres sur les îles de Bali et de Java... D'autres sont gravement menacés. Les prédateurs spécialisés dans la chasse de proies spécifiques sont les plus fragiles : si leur repas favori disparaît, ils périclitent à sa suite. Les généralistes sont plus résistants, car ils peuvent s'adapter à une alimentation différente en cas de besoin. Mais d'autres dangers les menacent, comme celui d'être exterminés par l'homme.*

PUTOIS À PIEDS NOIRS (*Mustela nigripes*) >> **ÉTEINT DANS LA NATURE**

L'histoire du putois à pieds noirs démontre la fragilité des prédateurs ultra-spécialisés. Cet animal vivait dans les plaines d'Amérique du Nord, où il chassait les chiens de prairie. Mais ceux-ci, considérés comme nuisibles par les agriculteurs, ont été exterminés dans de nombreuses régions. La disparition de sa nourriture a causé la perte du putois à pieds noirs. Il n'existe plus aujourd'hui qu'en captivité.

TIGRE DE BALI (*Panthera tigris balica*) >> **ÉTEINT**

Il existe encore des tigres sauvages en Asie. Mais certaines sous-espèces locales, comme le tigre de Bali, ont disparu : la chasse et la destruction des forêts de l'île de Bali ont décimé les tigres. Malgré la création d'un parc national en 1941 pour tenter de préserver ce qui restait de son habitat, le félin a disparu de l'île vers 1950. Comme il n'en existe aucun individu en captivité, la sous-espèce est définitivement éteinte.

THYLACINE (*Thylacinus cynocephalus*) >> **ÉTEINT**

Le thylacine, ou loup de Tasmanie, était un marsupial carnivore de grande taille (1,30 m de long environ) vivant en Australie. Il y a 3 000 ans, l'arrivée du dingo instaura une forte compétition pour la recherche de nourriture, et le thylacine finit par disparaître du continent. Il avait toutefois survécu en Tasmanie, une île au sud de l'Australie. Mais les colons européens, l'accusant de tuer leurs moutons, l'exterminèrent au début du XXe siècle : le dernier thylacine fut tué en 1936.

LOUP D'ABYSSINIE (*Canis simensis*) >> **EN DANGER**

Le loup d'Abyssinie est l'un des mammifères les plus menacés au monde : il en subsiste moins de 500 individus à l'état sauvage, en Éthiopie. Les accidents de la route et les croisements avec des chiens errants sont les principales causes de sa disparition. De plus, les dernières populations ont été fragilisées par des épidémies de rage. Pour tenter de les sauver, les biologistes du Programme de conservation du loup éthiopien vaccinent les loups et les chiens sauvages.

LYNX IBÉRIQUE (*Lynx pardinus*) >> **EN DANGER EXTRÊME**

Le lynx ibérique, ou lynx pardelle, est un cousin du lynx boréal que l'on rencontrait en Espagne et au Portugal. Mais il n'en reste aujourd'hui que deux populations sauvages, dans le Sud de l'Espagne. La plus petite (environ 40 lynx) se trouve dans le parc national de Doñana. Cette zone est traversée par une route, et de nombreux lynx sont tués par des véhicules. Pour tenter de sauver la population, les scientifiques du parc national capturent des adultes pour les faire se reproduire en captivité.

LOUP ROUGE (*Canis rufus*) >> **EN DANGER EXTRÊME**

Plus fin et plus petit que le loup gris, le loup rouge vit dans le Sud-Est des États-Unis. Exterminé par l'homme, il avait disparu dans la nature en 1980, puis a été réintroduit en 1987. La population issue de cette réintroduction survit difficilement : trop peu nombreux, les loups rouges s'accouplent fréquemment avec des coyotes – ce qui menace la conservation de l'espèce.

LION DE L'ATLAS (*Panthera leo leo*) >> **ÉTEINT DANS LA NATURE**

Le lion de l'Atlas est la sous-espèce de lion qui régnait autrefois sur les montagnes du Maroc et de l'Algérie. Aujourd'hui, il ne se trouve que dans des zoos. On le distingue des autres lions africains à sa crinière très sombre et fournie. L'avancée du désert et l'expansion des zones occupées par l'homme ont considérablement réduit son territoire, et la chasse a achevé de faire disparaître ce splendide animal. Le dernier lion de l'Atlas sauvage fut abattu en 1922.

CHASSÉS POUR LEUR PEAU

L'ocelot, élégant félin au pelage tacheté, a été énormément chassé pour sa belle fourrure. Heureusement, le commerce de sa peau est désormais interdit. Bien qu'ils soient aujourd'hui des espèces protégées, d'autres félins continuent d'être tués de manière illégale pour leur fourrure, comme la panthère des neiges ou le tigre. Ce dernier est également chassé pour d'autres parties de son corps, comme les os et les dents, qui sont utilisés dans la médecine traditionnelle chinoise et peuvent se vendre très cher. La peau des crocodiles et de certains serpents est aussi très recherchée, car elle sert à fabriquer des sacs ou des ceintures de luxe.

# Protéger les grands prédateurs

De nos jours, les grands prédateurs sont des animaux protégés. Les derniers tigres, lions ou loups vivent dans des parcs nationaux et des réserves naturelles où la chasse est interdite. Dans ces espaces préservés, des scientifiques et des vétérinaires étudient et surveillent les populations animales. Mais, même si l'on est aujourd'hui conscient de la nécessité de protéger les prédateurs et les autres espèces, il n'est pas toujours facile de passer à l'action, parce que les parcs et les réserves coûtent beaucoup d'argent. Heureusement, ils peuvent aussi en rapporter ! Car les touristes sont de plus en plus nombreux à vouloir observer les animaux dans leur milieu naturel. En Afrique et en Asie, on organise désormais des safaris-photos plutôt que des parties de chasse. L'activité touristique fait vivre de nombreuses personnes : des guides, des chauffeurs, du personnel d'hôtels et de restaurants... Et puisque la présence des grands prédateurs attire les visiteurs, les habitants acceptent plus facilement de partager leur environnement avec ces animaux sauvages. Mais le tourisme peut aussi avoir des effets négatifs pour l'environnement, car il nécessite la construction de bâtiments, de routes... Le tourisme peut donc aider à préserver la nature... à condition qu'il soit pratiqué raisonnablement.

## Zoom

DES « ESPÈCES PARAPLUIES »

Les grands prédateurs sont des animaux exigeants : ils ont besoin de vastes espaces, de la présence de nombreuses proies... Pour les protéger, il faut conserver la nature sauvage dans des zones étendues. Cela revient à protéger toutes les autres espèces, animales et végétales, qui vivent dans le même écosystème. Grâce au loup ou au tigre, on préserve donc toute la biodiversité d'une région ! C'est pour cela que l'on surnomme ces animaux des « espèces parapluies ».

LE PARC NATIONAL DES ABRUZZES, ITALIE

Dans les quelque 50 000 hectares du parc national des Abruzzes, en Italie, vivent en bonne intelligence environ 70 loups, des lynx, des ours bruns, des cerfs, des chevreuils, des chamois... et des hommes. Les habitants de la région, qui pratiquent toujours l'élevage avec des petits troupeaux, des bergers et des chiens, sont très fiers de leurs animaux sauvages, qui leur amènent de nombreux visiteurs.

LE PARC NATIONAL RANTHAMBORE, RAJASTHAN

Ce parc national de 300 km$^2$ a été fondé en 1980 afin d'abriter les tigres royaux du Bengale. En dix ans, le nombre de visiteurs est passé de 37 000 à 68 000 par an ! Cette progression risque de poser problème aux tigres, car des routes ont été construites et de nombreux véhicules transportant les touristes circulent dans le parc.

LE PARC NATIONAL DU SERENGETI, TANZANIE

Le parc national du Serengeti, en Afrique de l'Est, est célèbre pour les immenses migrations de gnous et de zèbres qui s'y déroulent chaque année. Les éléphants, les gazelles et les antilopes peuplent également le parc. Cette abondance de proies fait le bonheur des lions, des guépards, des léopards et des crocodiles.

À TOI D'AGIR : SOIS UN VISITEUR RESPONSABLE !

Si tu te rends dans un parc naturel pour y observer la faune et la flore, n'oublie pas que tu te trouves dans une zone protégée et pense à respecter certaines règles pour ne pas perturber la nature :

>> Évite de crier afin de ne pas effrayer les animaux.
>> Tiens ton chien en laisse afin qu'il ne dérange pas les chiens de protection des troupeaux dans leur travail.
>> Ne fais pas de feu : tu risquerais de déclencher un incendie.
>> Emporte un sac plastique afin de conserver tes restes de pique-nique et tes déchets : ne les jette pas dans la nature !
>> Évite de cueillir des plantes : beaucoup d'espèces sont protégées.
>> Ne t'éloigne pas des sentiers : si tous les visiteurs marchaient n'importe où, la végétation serait détruite.

# Glossaire

>> **AFFÛT :** chasser à l'affût consiste à guetter sa proie en se tenant immobile et caché, puis à l'attaquer par surprise.

>> **BRACONNAGE :** acte de chasse illégal, soit parce que l'animal poursuivi est protégé, soit parce qu'il est interdit de chasser là où se trouve le braconnier (propriété privée, réserve naturelle...).

>> **CANIDÉ :** animal appartenant à la famille des canidés, qui regroupe les loups, les chiens, les chacals...

>> **CARNIVORE :** ce mot désigne soit un animal qui se nourrit de chair, soit un mammifère appartenant à l'ordre des carnivores. C'est un vaste groupe d'espèces qui rassemble les ours, les canidés, les félins, les hyènes, les civettes, les mangoustes, les phoques, les otaries, les belettes et les ratons (comme le raton laveur).

>> **CERVIDÉ :** mammifère herbivore possédant des sabots et des bois. Contrairement aux cornes des antilopes ou des vaches, les bois des cerfs, des élans, des rennes et des wapitis sont fait d'os et tombent chaque année.

>> **ÉCOSYSTÈME :** ensemble formé par un milieu et les êtres vivants qui l'habitent. Les éléments de l'écosystème interagissent (pour se nourrir, s'abriter, etc.) et dépendent donc les uns des autres.

>> **FÉLIN :** animal appartenant à la famille des félidés, qui regroupe les chats, les lions, les tigres, les panthères...

>> **GESTATION :** c'est le fait de porter des petits, chez une femelle mammifère. Le mot *grossesse* n'est utilisé que pour les humaines.

>> **MAMMIFÈRE :** le mot *mammifère* vient du latin *mamma*, qui signifie « mamelle ». La classe des mammifères regroupe tous les animaux qui allaitent leurs petits. Une autre caractéristique des mammifères est de posséder, pour la plupart d'entre eux, des poils sur le corps. On en compte environ 4 800 espèces, depuis la souris jusqu'à l'éléphant... en passant par l'homme.

>> **MARSUPIAL :** mammifère qui donne naissance à des petits qui n'ont pas totalement terminé leur développement. Les petits marsupiaux se hissent jusqu'aux mamelles de leur mère (souvent situées dans une poche) et y restent accrochés durant plusieurs semaines afin d'achever leur développement.

>> **MEUTE :** groupe de canidés (loups, chacals...) qui vivent et chassent ensemble. On appelle aussi « meute » un groupe de chiens dressés pour la chasse.

>> **OMNIVORE :** se dit d'un être vivant qui se nourrit d'aliments d'origine animale (viande...) et végétale (feuilles, graines, fruits...).

>> **ONGULÉ :** mammifère dont les pattes se terminent par de la corne, qui forme un sabot (comme chez le cheval, le rhinocéros, le porc, le mouton, le chameau, le cerf, la girafe...) ou des ongles très durs (chez l'éléphant).

>> **OPPORTUNISTE :** un prédateur opportuniste n'est pas spécialisé dans la chasse de proies bien précises. Il adapte son régime alimentaire en fonction de ce qu'il trouve à se mettre sous la dent.

>> **PRÉDATEUR :** au sens le plus strict, un prédateur est un animal qui se nourrit d'autres animaux vivants qu'il capture et tue.

>> **PROIE :** organisme vivant qui est capturé et tué pour être mangé par un animal prédateur.

>> **RÉGIME ALIMENTAIRE :** nature et quantité des aliments qui composent l'alimentation d'un être vivant. Un régime alimentaire peut être très spécialisé ou au contraire composé d'aliments variés (herbivore ou carnivore...).

>> **RÉINTRODUCTION :** les programmes de réintroduction sont menés par des scientifiques. Il s'agit de lâcher dans la nature des animaux élevés en captivité ou capturés dans une autre région du monde, pour augmenter les populations d'une espèce menacée de disparition ou pour faire renaître une population sauvage là où elle avait disparu.

>> **SOUS-ESPÈCE :** lorsque des populations d'une même espèce présentent des différences physiques (souvent parce qu'elles vivent dans des régions du monde différentes), les scientifiques les classent dans des sous-espèces (ainsi le loup arctique, le loup du Mexique, le loup gris d'Europe sont des sous-espèces du loup gris). Lorsque des espèces animales se ressemblent beaucoup, il est parfois difficile de déterminer s'il s'agit réellement d'espèces différentes ou simplement de sous-espèces.

>> **SUPERPRÉDATEUR :** prédateur qui n'est lui-même la proie d'aucun autre animal.

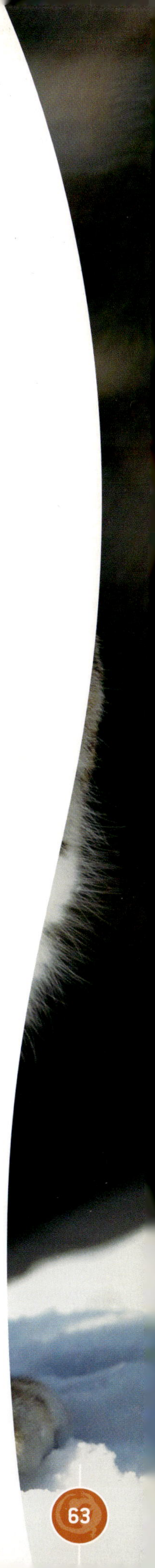

## CRÉDITS PHOTO

>> Page Sommaire : ©Anthony Leclerc/Bios, ©Theo Allofs/Bios
>> Portfolio : ©Michel Gunther/Bios, ©Theo Allofs/Getty Images, ©LACZ Gérard / SUNSET, ©Luis Casiano/Bios, ©Gilles Martin/Bios
>> Page 10 infographie : © Sidamon-Pesson Christophe/Bios, ©Fabrice Cahez/Bios, ©François Gilson/Bios, ©Van Langenhove Guy/Bios, ©Rémy Courseaux/Bios, ©Sylvain Cordier, ©Fabrice Cahez/Bios, ©Régis Cavignaux/Bios, ©Erwan Balança/Phone, ©Thiriet Claudius/Phone, ©Boitier Emmanuel/Bios, ©Thouzeau Laurent/Bios, ©Sabine Philippe & Frank Deschandol/Bios
>> Page 11 : ©Denis Nigel J./Bios, ©Tristan Da Cunha/Bios, ©Jean Michel Labat/Phone
>> Page 12 : TIGRE
>> Page 13 : ©John Downer/OSF/Bios
>> Page 14 : ©Pierre Vernay/Bios, ©Xavier Eichaker/Bios, ©Thierry Montford/Bios, ©Jean Paul Chatagnon/Bios, ©Claude Thouvenin/Bios, ©Harvey Martin/Bios
>> Page 15 : ©J.L. Klein & M.L. Hubert/Bios, © J.L. Klein & M.L. Hubert/Bios, ©Jean Michel Labat /Phone, ©Dennis Nigel J./Bios, ©Nicolas Galy
>> Page 16 Infographie : ©Francisco Marquez/Bios
>> Page 17 : © J.L. Klein & M.L. Hubert/Bios, © J.L. Klein & M.L. Hubert/Bios, ©Juniors Bildarchiv/Sunset
>> Page 18 : ©Jean Paul Chatagnon/Bios, ©Harvey Martin/Bios
>> Page 19 : ©Pierre Vernay/Bios, ©Dave Watts/Bios, ©Laurent Geslin/Bios, ©Henry Ausloos/Bios
>> Page 20 : OURS
>> Page 21 : © J.L. Klein & M.L. Hubert/Bios, ©Peter Weimann/Bios, ©Juniors Bildarchiv/Sunset, ©Daniel Cox/OSF/Bios, ©Pierre Huguet/Bios
>> Page 22 : ©Nill Dietmar/Bios
>> Page 23 : ©Regis Cavignaux/Bios, ©Jean Michel Labat/Bios, © J.L. Klein & M.L. Hubert/Bios, ©Gerard Schulz/Bios, ©Daniel Heuclin/Bios
>> Page 24 : ©Mark Hemblin/EYEDEA
>> Page 25 : ©Andy Harmer/Still Pictures/Bios, ©J.M. Labat & F. Rouquette/Phone, ©J.M. Labat & F. Rouquette/Phone, ©Anthony Leclerc/Bios, ©Jean Louis Le Moigne/Bios
>> Page 26 : ©David B. Fleetham/OSF/Bios, ©NHPA / SUNSET
>> Page 27 : ©Minden Pictures/Getty Images, ©Brunett T. G. & Palmer K./Visual and Written/Phone, ©Cole Brandon/Bios, ©Henry Ausloos/Bios, ©Pott Eckart/Sunset, ©Cole Brandon/Bios
>> Page 28 : ©Sunset
>> Page 29 : ©Tony Crocetta/Bios, ©Animals-Animals/Sunset, ©Michel Gunther/Bios, ©Brake/Sunset, ©Christine & Michel Huot Denis/Bios
>> Page 30 : ©Matt Alexander/Bios
>> Page 31 : ©Christophe Couteau/Bios, ©Roger de La Harpe/Bios, ©DanielHeuclin/Bios
>> Page 32 : ©Didier Prix/Sunset, ©The Image Bank/Getty Images
>> Page 33 : ©Dorling Kindersley/Getty Images, ©De Agostini Pictures/Getty Images, ©Dorling Kindersley/Getty Images, © Max Salas
>> Page 34 : ©Juniors Bildarchiv/Sunset, ©Visual and Written/Bios
>> Page 35 : ©Sylvain Cordier/Phone, ©Theo Allofs/Bios
>> Page 36 : ©Jose Antonio Saez Jimenez/Bios, ©Albert Visage/Sunset
>> Page 37 : ©Jean Louis Le Moigne/Bios, ©Christine & Michel Huot Denis/Bios
>> Page 38 : ©Colla Philip/Visual and Written/Bios, © Christine & Michel Huot Denis/Bios
>> Page 39 : ©Doug Perrine/Sunset, ©Martin Harvey/Sunset
>> Page 40 : ©Christine & Michel Huot Denis/Bios, ©Gerard Lacz/Sunset
>> Page 41 : ©François Gohier/Bios, ©Christine & Michel Huot Denis/Bios
>> Page 42 : ©Juniors Bildarchiv/Sunset, ©Yves Lefevre/Bios, ©Joel Heras/Bios
>> Page 43 : ©Daniel Heuclin/Bios, ©Animals-Animals/Sunset
>> Page 44 : ©Rex Interstock/Sunset, ©Jean Paul Chatagnon/Bios, ©Dominique Delphine/Bios
>> Page 45 : ©Juniors Bildarchiv/Sunset
>> Page 46 : ©Theo Allofs/Bios, ©Jeffrey Rotmann/Bios
>> Page 47 : ©J.L. Klein& M.L. Hubert/Bios, ©J.L. Klein& M.L. Hubert/Bios
>> Page 48 : ©François Gilson/Bios, ©STR/AFP
>> Page 49 : ©Peter Weimann/Bios
>> Page 50 : ©Jeffrey Rotmann/Bios, ©Aurore/Getty Images, ©Francisco Marquez/Bios, ©Ismaill O./UNEP/Still Pictures/Bios, ©RMN
>> Page 51 : ©J.L. Klein& M.L. Hubert/Bios, ©Rue des Archives
>> Page 52 : ©Denis Bringard/Bios, ©Remy Courseau/Bios
>> Page 53 : ©Michel Gunther/Bios
>> Page 54 : ©The Bridgeman Art Library/Getty Images, ©Rue des Archives
>> Page 56 : ©Bettmann/CORBIS, ©FAILLET/KEYSTONE-FRANCE/EYEDEA, ©Images.com/Corbis
>> Page 57 : ©PHOTO RMN - René-Gabriel Ojéda, ©The Bridgeman Art Library/Getty Images, ©Stefano Bianchetti/Corbis, ©National Gallery Collection; By kind permission of the Trustees of the National Gallery, London/CORBIS
>> Page 58 : ©D. Robert & Lorri Franz/CORBIS, ©Jacques Boyer / Roger-Viollet, ©NHPA/Sunset
>> Page 59 : ©Harvey Martin/Bios, ©Kemp P. & W/OSF/Bios, © Layne Kennedy/CORBIS, ©Michel Gunther/Bios, ©Horizon Vision /Sunset
>> Page 60 : ©Yves Lefevre/Bios
>> Page 61 : ©A. Bardi/Panda Photo/Bios, ©Yves Lefevre/Bios, ©Christine & Michel Huot Denis/Bios, ©François & Jean Lu Ziegler/Bios
>> Page 62-63 : ©Regis Cavignaux/Bios
>> Page 64 : ©Hugues De Cherisey/Bios

ISBN : 978-2-35219-023-3
Dépôt légal : septembre 2007.
Loi n°49-956 du 16 juillet 1949
sur les publications pour la jeunesse.

place des éditeurs
N° d'éditeur : V00023/01
Imprimé en France par Mame Imprimeur à Tours (37)